취직하지 않고 ▬▬▬▬▬▬
▬▬▬▬▬▬독립하기로 했다

일러두기

1 옮긴이주는 • 표로 표시했다.
2 인명, 지명, 상품명 등은 한글맞춤법, 외래어표기법에 의해 표기하는 것을
  원칙으로 했으나, 일부는 통용되는 방식으로 표기했다.

DON'T GET A JOB...MAKE A JOB:
HOW TO MAKE IT AS A CREATIVE GRADUATE *by Gem Barton*

취직하지 않고 독립하기로 했다

독립하기로 했다

위기에서 기회를 만드는 ──────── 젊은 디자이너들의 생존 전략

시공사

젬 바턴 지음 / 오윤성 옮김

세계 곳곳의 젊은 사업가들이
경기 침체를 벗어나는 길을 모색하는 중이다.
매해 발표되는 스타트업 지수에 따르면
2008년 이후로 18-25세 청년의 창업은 29% 증가했다고 한다.

- 영국 「심플리 비즈니스Simply Business」, 2013년 5월

전체 청년 창업자의
58%는 1천 파운드(약 150만 원),
39%는 500파운드(약 75만 원)가
안 되는 돈으로 사업을 시작했다.

- 「심플리 비즈니스」, 2013년 5월

들어가며

지금 우리 앞에는 직시하지 않을 수 없는, 안타까운 현실이 있다. 대학 졸업장 하나면 안정적이고 만족스러운 일자리를 얻을 수 있던 호시절은 지나갔다. 이제 직장을 구하고 어느 정도 경력을 쌓을 때까지, 디자인 학위 하나로는 턱없을 것이다. 게다가 세상은 우리에게 어느 때보다 많은 것을 요구하고 있다. 겁먹지 말자. 우리는 미래의 주역이자 새로운 정신을 가진 사업가, 아이디어 하나로 세상을 바꿀 혁신적인 사상가가 아닌가! 따라서 아티스트로서 전문적인 능력을 발휘하는 동시에 선두에 서서 문화 전체를 이끌어야 한다. 나의 역할을 찾아서 할 일을 해야 한다. 디자인 세계를 나와 세계를 디자인할 때다.

그러나 '신진 디자이너'라는 이유만으로 세상을 바꾸기는커녕 일자리를 구하기조차 쉽지 않다. 세계 경기 침체라는 어두운 그림자가 드리운 지 10년. 그것을 알고서도 우리는 디자이너가 되고자 관련 학과에 들어갔고, 이 책을 읽는 지금도 그 꿈을 좇고 있다. 왜! 도대체 왜일까? 큰 소리로 외치지는 않아도 '미래는 예술가에게 달려 있다'는 믿음이 있기 때문일 것이다. 자유롭게 생각하고, 진취적으로 궁리하고, 게임의 규칙을 바꾸고, 문제를 해결하고, 새로운 문제를 제기하고, 근본부터 사회를 바꾸는 사람들이 내일을 만들어 나가리라고 믿기 때문이다. 오늘날 우리가 해결해야 할 가장 심각한 문제는 무엇인가. 빈곤, 에너지와 자원 고갈, 전쟁 등이다. 그리고 이 문제를 풀 수 있는 열쇠는 돈이 아니다. 디자인이다.

요즘의 젊은 디자이너들은 세속적인 기준 외에도 윤리와 선을 중요시하는 마음을 가졌다. 물론 자신의 생계를 위한 일자리도 원하지만, 단순히 학교에서 교수와 학우들에게 인정받고 그들의 탄사를 끌어내는 작품을 만드는 것이 아니라 미래 세대를 위해 더 좋은 것들을 남기고 싶어 한다.

　이들에겐 힘이 있다. 이들은 클라이언트가 작업을 의뢰할 때까지 무작정 기다리는 대신에 여기저기 바쁘게 돌아다니며 '덫'을 놓는다. 자본을 가진 쪽과 디자인 재능을 가진 쪽 사이의 권력 구도를 뒤흔든다. 이 새로운 세대의 아티스트들은 기성세대에게 자신을 맞추는 대신 자기만의 개성을 고수하며 직접 일을 도모함으로써 사회에 진출하고 있다.

　'취직'이 전부이던 시대는 가고, 이제 좋은 '삶'을 꾸리기 원하는 세대가 등장한 것이다.

　2008년 이후 세계 경제는 돌이킬 수 없이 무너졌다. 은행들은 사실상 대출을 멈추었고, 그 결과 대다수 사업체와 개인들은 위험 부담과 도전을 점점 꺼리게 되었다. 이러한 변화가 특히 치명적인 영향을 미친 곳이 우리가 속해 있는 디자인 업계의 인력 시장이다. 그러나 진흙 속에서 진주가 더욱 빛나듯이 이 열악한 상황에서 오히려 더욱 열정적으로 자신의 목표를 쟁취하는 세대가 형성되고 있다. 이미 수문이 열렸고, 업계 지형이 뒤바뀐 오늘날에는 일자리 시장이 예전 수준으로 회복될 가능성은 크지 않기 때문이다.

그러나 이러한 변화가 오로지 경기 침체 때문인가 하면 그
것도 확언하기 어렵다. 경기 침체가 아니었더라도 어떤 식으
로든 상황은 달라졌을 것이다. 세상의 모든 일에는, 특히 창의
적인 분야에서는 변화와 그에 상응하는 혁신이 자연 법칙처
럼 늘 공존하기 때문이다.

디자인 업계에는 극소수의 선구자가 등장하여 현재의 문
제를 해결하고자 또는 새로운 흐름을 만들고자 업계의 관습
을 급진적으로 바꾸어 낸 긴 역사가 존재한다. 그렇다 하더라
도 2008년 이전까지 디자인 업계에 진입하는 보편적인 경로
는 '학위'→'이력서'→'포트폴리오'→'면접'→'취직'이었다.

이 순서를 착실히 따르면 그럭저럭 일자리를 구할 수가 있
었다. 물론 여기에도 극소수의 예외는 있었다. 누구는 방학 기
간에 현장 실습을 나갔다가 선배들을 알게 되고 인맥을 쌓아
졸업하자마자 일자리를 구하기도 했다. 그러나 대부분의 졸
업생은 정해진 규칙을 따라, 약간의 운에 힘입어 자신의 자리
를 찾아가는 세상이었다.

돌이켜 보면 그 시절엔 다들 운이 좋았다. 그러다 갑자기
불황이 시작되었고, 말 그대로 일자리의 씨가 말라 버리게 되
었다. 그때 다시 한 번 용감하고 혁신적인 인재들이 등장했다.
이들은 새로운 경로를 통해 클라이언트를 찾아내고, 자기 회

사를 차리고, 틈새를 파고들거나 여러 분야를 자유자재로 오가고, 업계의 관습을 뒤엎기 시작했다. 여의치 않은 상황 한가운데서 비로소 새로운 전통이 만들어지고 새로운 전설이 탄생하고 시곗바늘이 다시 움직이고 있다.

젊은 디자이너들의 생존 전략을 탐색하는 이 책은 이 알 수 없는 시대, 빠르게 변화하는 시대를 사는 새로운 선구자들을 소개하고 있다. 지금부터 우리는 이들의 전략을 살피고, 이들이 가진 전략의 구체적인 실행 방법을 알아보고, 각자 어떤 이유에서 또 어떤 과정을 거쳐 '가지 않은 길'을 개척하고 있는지에 대한 이야기를 들어 볼 것이다.

어쩌면 조금 낯설 수도 있겠지만 머지않은 미래에 디자인계를 이끌어 나갈 '썸띵 앤 선', '더 드래프터리', '글루 소사이어티', '빈 앤 오미', '르 크리에이티브 스웨트숍', '스테레오탱크' 같은 세계 곳곳에서 활동을 개시하고 회사를 설립한 이들이 주인공이다. 또한 히메네스 라이, 스튜디오 위브, 제이슨 브루게스 등 디자인 업계의 혁신을 이끌어 온 멘토들이 어디에서도 들을 수 없는 현장 경험과 전문적인 조언을 전해 왔다.

이 책은 교과서가 아니다. 즉, 이 책에 담긴 아이디어를 그대로 베끼기만 해서는 소용이 없다. 내가 이 책을 쓴 목적은 우리가 동료로서 서로를 격려하고, 배우고, 그래서 서로를 통하여 수많은 기회를 찾아내자는 것이다. 이 책에서 단 하나 놓치지 말아야 할 것이 있다면 그것은 "내 마음에 드는 기회가 없을 때에는 내가 그 기회를 만들어야 한다"는 것이다!

　나는 영국에서 건축을 공부했고, 지금까지 10년 넘게 여러 학교에서 디자인을 가르치고 있다. 덕분에 디자인 업계와 학계 모두에서 나름의 식견을 기를 수 있었다. 2006년에 학교를 졸업하고 건축 업계에 첫발을 내디뎠을 때, 나 역시 전통에 따라 '학위'→'이력서'→'포트폴리오'→'면접'→'취직'의 순서를 밟은 다음 중간 규모의 업체에서 일자리를 구했다. 그런데 3년 정도가 지나고 건축가 자격증 시험을 3개월 앞두었을 때, 인생 첫 해고 통지서를 받았다. 그러니까 나는 호황기의 마지막 열차와 불황기의 첫 열차 사이에 낀 희생자였다.

　이 책에 등장하는 여러 주인공들과 마찬가지로 나 역시 고심 끝에 결단을 내려야만 했다. '내가 좋아하는 일을 하자. 내 방식대로 나만을 위한 일자리를 찾아내자. 아니, 만들어 내자.' 이 목표를 달성하는 데에는 몇 년이라는 시간이 걸렸다. 숱한 눈물도 흘렸다. 나는 무지의 두려움에 얼마 있지도 않은 자신감을 완전히 잃었다. 그러나 나는 내가 알고 있는 것에 집중하기로 하고, 인맥을 총동원하여 버티기로 결심했다. 어쨌거나 밥벌이는 해야 했기에 성에 안 차는 일자리, 재미없는 일감도 받아들였다. 그러나 그 밖의 모든 시간은 내 작업을 하고, 새로운 사람을 만나고, 브랜드를 개발하는 데 들이부었다.

아마존 창립자 제프 베조스Jeffrey Bezos는 이렇게 말했다. "당신이라는 사람의 브랜드는 당신이 없을 때 사람들이 당신에 대해 하는 말이다." 나는 해 볼 수 있는 모든 것을 겪어 본 다음에 그것을 바탕으로 커리어를 기획했다. 그 결과 강의, 글쓰기, 디자인, 건축, 전시 기획을 오가며 활동하고 있다. 이렇게 동시에 여러 가지 일을 하는 직업이 모두에게 어울리는 것도 아니고, 당연히 '직업 편람' 같은 데도 나와 있지 않다. 하지만 나 말고도 많은 이들이 위험 부담을 분산하고, 흐름에 빠르게 반응하며, 날마다 다른 일을 할 줄 아는 능력을 가지고 있다고 생각한다. 이런 유형은 운명을 스스로 결정하고 자원을 유연하게 활용하는 것을 가장 중요하게 여긴다.

내가 처음에 세웠던 목표는 책을 쓰는 것, 내가 겪은 고된 시간을 똑같이 겪게 될 다른 이들에게 도움을 주는 것, 그리고 기존의 한정된 직업 분류에 들어맞지 않는 이들에게 얼마든지 다른 길이 있음을 알려 주는 것이었다. 비밀이지만 다른 정도가 아니라 훨씬 좋은 길이 있다. 세상이 정해 놓은 분류는 평범한 사람을 위한 것이다. 그런데 우리는 평범한 사람이 아니다. 혹시 그런 사람이 되고 싶은가? 우리는 스스로 원할 때 더욱 특별해진다. 이 사실을 좀 더 일찍 깨달을수록 이루고 싶은 일을 보다 빨리 이룰 수 있다. 가령 나는 책을 집필했다.

나는 이 책의 주인공이 될 이들, 스스로 삶을 개척한 이들을 직접 찾아다녔다. 이 책에 등장한 모든 인물(물론 그 밖에도 많은 사람을 만났다)을 인터뷰했으며, 학계와 업계 유수의 전문가들을 방문했다. 이 책에는 나의 3년간의 노력과 밤샘 작업, 수천 통의 이메일, 그 과정에서 내가 느낀 즐거움과 고통, 분노와 후회 등 온갖 '맛'이 들어 있다. 지금 세계 어느 곳에 있든지 디자인 교육의 미래를 생각하는 이들은 이 책을 바탕으로 논의를 확장할 수 있을 것이다. 나는 최전선에 있는 디자이너들에게서 직접 증거를 수집했다. 그들에 관한 객관적인 자료는 물론이고 그들이 느끼는 감정과 직관, 직감(디자인 업계에서는 무엇보다 중요한 자원이다)을 기록했다. 또 이러한 자료를 교육 시스템에 적용할 방법을 고민했다. 우리가 세계적인 불황에서 무엇을 배울 수 있고, 그러한 현실에 진입할 미래의 졸업생을 더 잘 가르치기 위해 교육을 어떻게 바꾸어야 할지를 탐색했다. 지금까지 이렇게 넓은 지역을 돌아다니며 이렇게 경험적인 방법으로 실태를 생생하게 조사한 책은 없었다.

이 책은 새로운 디자이너 세대에게 영감을 주기 위해 쓰였다. 바로 당신을 위해서!

프로파간다

이름이 알려진 회사에는 하루에도 수십 개의 이력서와 관련 지원서가 쏟아져 들어온다. 당연하지만 모두가 자신을 '성실하고 창의적인' 인재라고 외친다. 그중 하나가 나라면? 그 수많은 경쟁자들 중 나를 눈에 띄게 하는 방법은 무엇일까 고민해야 한다. 자신이 얼마나 창의적이고 성실한 인재인지 보여 주는 가장 좋은 방법은 말 그대로 '보여 주는' 것이다. 전 세계 젊은이들이 갈수록 기발한 방식으로 자신의 존재를 알리며, 미래의 고용인과 클라이언트들에게 자신이 가진 창의성과 생산성을 확실히 증명하고 있다.

경쟁력은 개인의 개성, 그 사람 자체의 브랜드에서 나온다. 디자인계에 진입하는 여정의 첫 번째 관문은 '나'를 눈에 띄고 기억에 남게 만드는 것이다. 사람들의 생각에 영향을 미침으로써 특정한 목표나 위치에 도달하는 전술을 '프로파간다propaganda'라고 한다.

첫 사례로 다룰 주제도 프로파간다다. 지금부터 이 방식으로 자신을 판매하는 데 성공한 이들을 만나 볼 것이다.

취직하지 않고 <u>독립하기로 했다</u>

세상에 당신을 내놓을 것

건축가 스카일러 파이크
Skyler Fike

스카일러 파이크는 건축을 공부한 진취적인 청년이다. 그는 대학에서 배운 그래픽 기술을 십분 활용하여 홍보 팸플릿을 만드는 독특한 전략으로 자신을 '상품화'했다. 대부분 이메일과 포트폴리오를 통해 일자리를 찾지만, 스카일러는 사람들을 직접 만나고 스스로 네트워크에 들어가는 대담한 행보를 통하여 자신을 차별화시켰다. 물론 이와 같은 공격적인 전략이 모든 고용인과 구직자에게 들어맞는 것은 아니다. 적어도 그에게는 자신이 원하는 일자리를 찬찬히 탐색하는 동시에 스스로를 보란 듯이 세상에 내놓는 방법이 유효했다.

자신의 목표와 한계를 분명하게 정해 놓고 그것을 고수하는 것이 매우 중요하다. 무급이나 아주 적은 보수로 인턴 생활을 하는 것도 마찬가지다. 사전에 회사와 인턴 기간과 업무 범위를 협의한 다음 일을 시작하는 것이 좋다. 스카일러 역시 어느 정도 무급으로 일할 가능성을 열어 두었지만 자신의 원칙과 재정 상황을 고려하여 적당한 범위를 정했다.

무급으로 혹은 아주 적은 돈만 받고 일하면 회사가 알아서 나를 인정하고 또 고용해 주겠지, 생각하면 오산이다. 탐색기에 서로를 잘 파악해야 수습이 종료된 시점에서 오해 없이 관계를 다시 정의할 수 있다. 또 수습 과정에서 얻고자 하는 것이 있다면 주저하지 말고 미리 밝히는 것이 좋다. 가령 배우고자 하는 특정한 기술이 있다면 알리자. 당신이 명확한 목표를 가지고 성실히 일하는 젊은 디자이너임을 보여 줄 것이다.

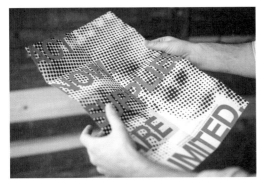

"수습 과정에서
무엇을 얻고자 하는지
명확하게 밝히는 것이 좋다."
_젬 바턴

스카일러 파이크가 만든 자신의 무급 인턴 홍보 팸플릿

경험에서 얻은 것

　나는 같은 과 친구들이나 이 분야에 종사하는 다른 사람들과 비교하자면 꽤나 색다른 방식으로 업계를 공략하기로 결심했다. 살고 있던 댈러스Dallas가 아니라 규모가 작은 지방에 있는 회사에서, 그것도 무급으로 일했던 것이다. 당시 실업률이 어마어마했기에 조금이라도 가능성을 높이고 싶었다. 다른 일자리를 찾아보는 것은 아예 포기하고 있던 그때, 대학 교수님께서 나에게 댈러스에 있는 건축 회사를 알아보고 그중 마음에 드는 곳에 직접 찾아가 대표를 만나라고, 그리고 무급으로 일하겠다고 제안해 보라고 조언하셨다. '무임금 노동'이 윤리적으로 옳지 않다고 생각하지만 현실적으로는 그 덕분에 짧은 시간 동안 많은 기회를 잡을 수 있었다.

　나는 이 새로운 전략에 따라 건축 회사와 대표들을 조사했고, 너무 욕심내거나 품을 들이지 않는 수준에서 나만의 홍보 팸플릿을 제작했다. 그리고 경력에 관한 정보를 최대한 많이 담았다. 그때그때 어떤 회사를 방문하느냐에 따라 면접도 치밀하게 준비했다. 가령 경쾌한 분위기의 회사에는 편안한 복장으로 갔고, 분주한 회사에는 오후 여섯 시(보통은 일을 마치는 시간이지만 때로는 비로소 일이 시작되는 시간이다!) 이후에 들렀다. 또 실제로 만나거나 친밀감을 높이기 위해 그들의 사진을 검색해서 머릿속에 저장했다.

무슨 일이 벌어졌나

　나는 무급 인턴에서 유급 프리랜서로 발돋움했고 점점 더 많은 회사와 계약을 맺었다. 그리고 마침내 바라던 대로 한 회사에 정직원으로 채용되어 1년 반 동안 일했다. 그렇게 2년이라는 시간을 보내는 동안 댈러스에서 활동하는 여러 건축가의 동료, 친구가 되었다.

　무급 일자리는 오래갈 수 없다. 나는 처음 두 달만 무급으로 일한다는 원칙을 세웠다. 그런 다음 '무급 인턴 팸플릿' 대신에 '저가 인턴 팸플릿'을 다시 만들어 또 한 번 회사들을 순방했다. 그리고 네다섯 곳의 회사와 계약하여 한 회사당 주 10-20시간을 일했다. 이후 비상근 프리랜서로 4개월가량 내근 및 재택 업무를 했다. 이후 정직원으로 채용되었을 때 이 모든 경험은 나의 훌륭한 커리어가 되었다.

　현재는 건축가로 일한다. 동시에 틈틈이 사진 촬영 작업과 개인적인 디자인 프로젝트도 진행하고 있다.

"무급 일자리는 오래 지속될 수 없다. 나는 두 달만 무급으로 일한다고 정했다. 그렇게 '무급 인턴 팸플릿'은 '저가 인턴 팸플릿'으로 바뀌었고, 그 자체가 나의 포트폴리오가 되었다."
_스카일러 파이크

〈엄마네 냉장고 갤러리〉

일찍, 그리고 자주 공개할 것

디자이너 겸 큐레이터 매튜 브리턴
Matthew Britton

매튜 브리턴은 진즉에 포화 상태인 디자인 업계에서 매일 새로운 아이디어를 내놓는, 특이한 존재다. 그는 SNS 및 개인 온라인 프로젝트를 통해 자신의 아이디어와 생각을 세상과 공유하며 다른 아티스트, 갤러리 운영자, 그 밖의 많은 이들과 관계를 맺고 있다. 그의 셀링 포인트는 자기 자신이다. 경쟁이 치열한 디자인 시장에서 매튜처럼 자신의 생각과 아이디어를 자유롭게 공개하는 젊은 디자이너는 많지 않다. 바로 이것이 그의 차별화 전략이다.

그의 작품은 경쾌하고 유희적이다. 사람들을 웃게 만드는 것이 핵심이다. 작업 과정 초반부터 미래의 고객이나 고용인을 개입시키면 많은 장점이 있다. 그들에게 아이디어가 확장되고 발전하는 과정을 전부 보여 줌으로써 특별한 관심을 쏟게 하고, 디자이너의 작업 방식을 이해시킬 수 있다. 사람들은 낯선 것보다 익숙한 것을 좋아하기 때문이다. 단, 너무 많이 함부로 공개해서는 안 된다. 아이디어는 내 머릿속에 있을 때에만 내 것이다. '일찍, 그리고 자주' 공유하되 영리하게 조절할 줄 알아야 한다.

〈자리 비움〉, 2014

"업계에서 터부시되는
콘텐츠 공개를
대담하게 시행함으로써
어떤 외부 프로젝트에서보다
효과적으로 인지도를
높일 수 있다."
_매튜 브리턴

경험에서 얻은 것

한때는 나도 다른 이들처럼 이력서 쓰기에 급급했다. 그러다 문득 깨달았다. 이러는 시간에 차라리 자금을 모아 프로젝트를 직접 진행하든지, 완전히 새로운 방식으로 이름을 알린 다음에 일을 시작하는 게 빠르겠다고 말이다.

지나치게 관행에만 의존하다 보면 스스로 자금을 마련하여 주체가 될 수 있다는 가능성을 까맣게 잊게 된다. 아직도 나는 펀딩을 받을 때 그렇게까지 완벽한 계획서를 제출해야 하는 이유를 모르겠다. 사실 창의적인 작업은 그와는 정반대로 이루어지니까.

무슨 일이 벌어졌나

대안적인 형태의 생산 양식에 큰 매력을 느낀 나는 〈엄마네 냉장고 갤러리Mam's Fridge Gallery〉, 〈자리 비움Out of Office〉과 같은 초소형 큐레이션curation 작업을 진행했고, 운 좋게도 나와 비슷한 성향의 사람들, 즉 전 세계에서 활발하게 활동하는 여러 디자이너들이 이 프로젝트에 동참했다.

협업은 일자리를 구하는 가장 효과적인 방법 중 하나다. 실제로 이와 같은 공개 작업 이후 많은 협업 기회를 얻었고, 각종 예술 단체에서 인맥을 얻었다. 몇몇 미술 협회의 워크숍에 간사로 초빙되기도 했다. 비결은 역시 '자기 기획'이다. 나는 내가 가진 기술과 능력에 어울리는 역할을 선택하여 나를 노출시켰다. 그러자 사람들은 내게 뉴미디어 아티스트로서, 각 상황에 적절하게 대응하는 일들을 제안해 왔다. 나에게 맞는 일이 구인 공고에 게시될 때까지 하염없이 기다릴 수도 있겠지만 직접 찾는 것이 빠르다. 곧바로 계약을 따낼 수 있던 것 역시 앞서 말한 공개 프로젝트들 덕분이었다.

선배의 조언

가능한 많은 작품을 생산하고, 그것을 자신이 원하는 만큼 여러 사람에게 보여 주기를 권한다. 꾸준히 작업을 발표하는 것과 관객들의 생각이 나의 생각만큼이나 작업 전개에 크게 작용한다는 것을 깊이 인지해야 한다고 생각한다. 창작에 관한 나의 신조는 소프트웨어 개발자들과 같다. '일찍, 그리고 자주 공개할 것.' 작품은 보는 사람의 비평과 수정을 거쳐 완성된다. 디자이너는 상호 작용을 두려워해서는 안 된다. 함께 작업을 구성해 나가는 관계에서는 참여하는 모두가 이익을 누릴 수 있어야 하고, 서로가 분명하게 의견을 주고받을 수 있어야 한다.

내가 택한 매체에서 지금 벌어지고 있는 대화에 활발하게 참여하라. 흔히 '대세를 파악한다'고 말하지만, 대세를 따르기 위해서가 아니라 대세에 휩쓸리지 않기 위해서 이러한 흐름을 정확히 파악하고 있어야 한다. 여기까지 성장한 것은 예술계를 다소 순진하게 생각했기 때문이기도 하다. 기성 체계에 질문을 던지고, 그들의 규칙을 마냥 따르지 않는 것이 중요하다.

"이력서로 말하지 않는다. 직접 보여 준다."
_젬 버턴

〈유튜브 건너뛰기|Skip YouTube〉

자기 홍보가 어렵게만 느껴질 때

**독립 매거진 「인턴Intern」 창간인 겸 편집자
알렉 더슨Alec Dudson이 말하는 프로파간다**

'필요하지만 하고 싶지 않다.' 나는 오랫동안 자기 홍보를 그렇게만 생각했다. 어디엔가 나를 필요로 하는 사람이 있다고 해도 굳이 소리 높여 나의 장점을 강조해야 할까, 재치 있는 말로 나를 있는 대로 포장해야 하는 것일까……. 사람들이 나를 좋아하는지 어떤지, 나와 함께 일하고 싶어 하는지 아닌지에 대해 신경 쓰고 애써 알아내야 한다는 것이 영 내키지 않았다. 결국 될 일은 되고 되지 않을 일은 아무리 노력해도 되지 않는다고 생각했다.

그러는 와중에 우연히 일하고 싶은 멋진 회사를 발견했다. 그러나 그동안 내가 고수하던 단순하고 상투적인 자세로는 그곳에 들어갈 수 없었다. 나는 사회학 석사 학위를 받으면서 학업을 마무리했고, 당시에는 술집에서 풀타임으로, 그리고 대학에서 파트타임으로 일하는 중이었다.

한편 창의적인 표현 방법으로 사진 분야에 취미를 들이기 시작한 것은 석사 과정에서 들었던 한 수업에서부터였다. 졸업 기념으로 미국을 한 바퀴 돌고 났더니 손에 나의 첫 사진집이 들려 있었다. 반응도 꽤 좋았다. 이윽고 친구 몇 명과 함께 웹 사이트를 개설하고 예술 분야에 나 자신을 알리기 시작했다. 지금은 없어졌지만 그 웹 사이트를 바탕으로 계속해서 프로필을 쌓을 수 있었다.

처음에는 내가 찍은 사진을 주로 올렸지만 시간이 흐르면서 다른 사람들의 작품을 소개하는 쪽에 관심이 생겼고, 이메일로 작가들을 인터뷰하기에 이르렀다. 결국 술집을 그만두고 점점 더 많은 시간을 이 일에 쏟았다.

함께하던 친구 두엇은 우리 웹 사이트를 발판으로 잡지계에 인턴 자리를 구했다. 그것을 보니 나도 한번 해보자는 생각이 들었다. 물론 예술 쪽에는 경력도 현장 경험도 전혀 없었지만 8개월 동안 「도무스Domus」의 온라인 편집 담당자에게 편집 경험이 있고, 워드프레스WordPress•도 잘 다루는 나를 고용하면 후회하지 않을 것이라고 설득했다.

그때 깨달았다. 자기 홍보에 대한 나의 생각은 틀렸다는 것을. 그것은 누군가에게 아부를 떨거나 누군가를 배신하거나 또는 거짓말을 늘어놓는 것과는 전혀 상관없다. 다른 사람이 아닌 나를 위해 스스로 노력하는 것이고, 게임의 규칙을 내 쪽으로 끌어오는 것일 뿐이다. 내가 가진 능력에 대한 확신과 그것을 증명하는 힘이야말로 나를 돋보이게 하는 가장 지속력 있는 자원이다.

• 웹페이지 제작 및 관리를 위한 오픈 소스 콘텐츠 관리 시스템

영국의 예술 산업 연구 단체인 크리에이티브 블루
프린트Creative Blueprint의 최근 조사에 따르면 영국
산업 전반에서 자영업자는 13%에 불과하지만, 예술
계로 가면 그 비율이 43%로 치솟는다고 한다. 이러
한 추세에서 자기 홍보의 중요성은 더욱 강조될 수밖
에 없다.

그럼에도 모두 다 '요령'이라고 냉소하는 이들도
분명히 있을 것이다. 나 역시도 한동안 그렇게만 생
각했다. 그러나 여기에는 요령이라고만 치부할 수
없는 실질적인 차이가 있다. 우리는 협업할 사람을
찾을 때, 새로운 직원을 찾을 때, 다른 사람에게 추천
할 인물을 찾을 때에 확신을 가지고 자신을 설명할
줄 아는 사람을 택한다. 우리는 윤리를 아는 사람, 다
른 사람을 밟고 올라서지 않는 사람을 알아본다.

디자인, 건축, 예술 등 창의적인 분야에서는 업무
능력만으로 성공할 수 없다. 게다가 지금은 똑같은
기술을 가진 사람이 어느 때보다 많은 시대다. 인격
또한 극히 중요한 자질이며, 당신이 자신을 어떤 식
으로 포장하든(또는 포장하지 않든) 당신의 인격이 곧
당신의 브랜드가 된다.

잡지 「인턴」을 창간하고 재정적인 문제가 대두되기 시작했을 때, 아트 프로젝트를 위한 크라우드 펀딩 플랫폼인 킥스타터Kickstarter로 눈을 돌렸다. 그리고 광범위한 조사와 연구 끝에 '제작자'는 최대한 많은 방법을 동원하여 투자자들에게 확신을 심어 주어야 한다는 것을 확인했다. 실제로 크라우드 펀딩의 투자자들은 아이디어에 끌려서 투자를 결정할 뿐만 아니라, 그 아이디어를 낸 제작자에게 끌려서 후원을 결정한다. 즉, 사람을 보고 지갑을 연다.

나는 내가 참가할 수 있는 모든 매체 간담회와 이벤트에 참석했다. 그리고 그 모든 상호 작용을 SNS를 통해 최대한 널리 알렸다. 그 과정에서 '나'라는 '브랜드'를 구축해 나갔다. 이러한 자기 홍보가 드디어 결실을 맺어 새로운 일을 제안받았고, 실로 흥미로운 프로젝트들에 협업자로 초대받았다.

자기 홍보는 어렵지 않다. 큰 목소리로, 있는 그대로, 나의 작업을 설명하면 된다. 여기에 내가 있다고 알리지 않으면 사람들은 나를 찾아낼 수 없다.

탄탄한 포트폴리오를 대체하는 홍보 수단은 없다

공간 디자이너 스튜디오 씨오엠
Studio COM

작업상 디자이너가 필요할 때, 보통은 지인에게 먼저 물어본다. "괜찮은 디자이너 없어?"라고. 그러고는 추천받은 디자이너를 인터넷에서 검색한다. 그들의 포트폴리오를 확인하기 위해서다. 클라이언트에게 '지인 추천'이라는 신용과 포트폴리오 만한 증빙 자료는 없다. 여기에 빠듯한 예산이라는 난제까지 붙으면 더더욱 능력과 패기를 겸비한 디자이너가 필요해진다. 예산과 기간에 제한이 많은 전시 공간 디자인 분야에서 소위 잘나가는 그래픽 디자이너와 협업하며 신선한 전시 장면을 만들었던 스튜디오 씨오엠. 이들은 공간 디자이너가 필요할 때 가장 먼저 자신 있게 추천할 수 있는 해결사다. 한주원, 김세중 두 젊은 디자이너가 의기투합하여 2015년 이태원에 둥지를 꾸린 스튜디오 씨오엠은 예술 문화 공간의 맥가이버에서 기존 인테리어와 감도가 다른 상업 공간 디자인의 새로운 연출자로 활동 영역을 넓히는 중이다. '우리에게는 디자이너다운 제스처가 전혀 없다'는 조용하고 밋밋한 두 남자가 단기간에 디자인계 주변부에서 중심으로 우뚝 선 이유는 무엇일까? 아마 기존 현장에서 볼 수 없던 디자인 감각을 보여 주기 때문일 것이다.

아르코 미술관에서 열린 '파빌리온씨' 공간 디자인

"스튜디오 이름은
인터넷 검색이 잘되어야 한다.
지인 추천과 입소문이
아무리 중요하다 해도
SNS나 인터넷을 통해서
곧바로 포트폴리오를
확인할 수 있는 시대기
때문이다."
_스튜디오 씨오엠

두 사람이 취업이 아닌 독립을 택한 이유가 궁금하다.

무대 디자인과 조명 디자인을 전공한 한주원은 사실 학교에 다니는 동안 졸업 후의 생활에 대해 별 생각이 없었다(?!). 방송국이나 광고 기획사에 취직할까도 싶었는데 운 좋게도 어느 사이트에 올린 포트폴리오를 보고 프로파간다 프레스와 더북소사이어티 같은 독립 출판을 기반으로 활동하는 곳들로부터 연락이 왔다. 덕분에 자연스럽게 '한주원'이라는 이름으로 활동을 시작할 수 있었다. 여기에는 커다란 전제 조건이 있었다. 졸업 후 1-2년 정도 부모님의 원조로 먹고사는 문제가 해결되었기에 이것이 가능했다는 점이다. 생존은 보장된 다음에 독립해야 한다. 자칫 생활 자체가 파탄 날 수 있다.

2015년에 한주원이 학교 근처였던 석관동에서 이태원으로 이사 오면서 동네 친구들과 기념 파티를 열었다. 그때 친구의 친구였던 김세중을 만났다. 공간 디자인을 전공한 뒤 1인 디자인 스튜디오에서 일하던 김세중은 이제는 직원이 아니라 대표로서 주도적으로 디자인 작업을 해 보고 싶다는 욕심이 있었다. 그렇게 (100% 자발적은 아니지만) 어쨌거나 일단 함께 일해 보기로 했다. 다만 서로를 잘 모르는 상태라 테스트 삼아 프로젝트 하나를 같이 해 봤는데, 일의 합이 잘 맞아 본격적으로 스튜디오 씨오엠이란 이름을 내걸고 활동하기 시작했다. 그때 진행한 작업이 정림건축문화재단의 아르코 미술관 전시 '파빌리온씨'의 공간 디자인이다. 파빌리온에 대한 건축가의 새로운 제안서를 선보이는 전시였는데, 기존의 판넬 형식이 아니라 건축가의 작업을 훔쳐보는 콘셉트로 건축가의 책상을 길게 제작해 전시 공간을 구성했다. 솔직히 하나의 작업이 끝날 때마다 다음 클라이언트가 없을까 언제나 마음이 초조한데 다행히도 알음알음 일이 계속 들어오고 있다.

스튜디오 이름은 스튜디오의 지향점을 알리는 출발점이다. 스튜디오 씨오엠의 이름에 대해 이야기해 달라.

처음에 디자인 스튜디오로 독립한 선배들로부터 받은 조언은 '인터넷 검색이 잘되어야 한다', '이름은 쉬워야 한다'였다. 지인 추천과 입소문이 아무리 중요하다 해도 SNS나 인터넷을 통해서 곧바로 포트폴리오를 확인할 수 있는 시대기 때문이다. 하지만 선배들의 조언을 새까맣게 잊은 우리는 컴퓨터 목공을 기반으로 한 작업을 하니 막연히 컴퓨터가 연상되는 단어가 들어가면 좋겠다고 생각했다. '키스', '퀸', '프린스' 등 유명 가수들 중에도 보통명사를 이겨 내고 이를 고유명사화한 경우가 있다. 우리도 그렇게 될 수 있을 거라 생각했는데, 그만 우리를 스튜디오 '닷컴'이라고 부른 클라이언트 앞에서 무너졌다. 검색이 잘되는 이름은 생각보다 훨씬 중요하다. 얼마 전까지도 이름 때문에 고민했는데 아직도 고민 중이냐는 주변의 타박에 그냥 이대로 밀고 나가기로 했다. 그리고 예상보다 많은 사람이 뜻을 물어 이제는 '콤퍼지션composition'의 약자라고 말한다.

장소의 제한을 극복한 전시 디자인으로 평가받는 '예술가의 문서들'

2015년에 출발한 스튜디오 씨오엠이 단기간에 성장한 원동력은 무엇인가?

누군가 우리를 잘 소개해 주는, '홍보'가 생각보다 중요하게 작용한 것 같다. 우리와 함께한 클라이언트들이 우리를 주변에 적극적으로 알리는 매개체 역할을 했다. 타인을 쉽게 믿을 수 없는 세상이라 아는 사람이 괜찮다고 하면 순식간에 믿을 수 있는 디자이너로 격상한다. 또한 우리는 소규모 디자인 스튜디오가 모여 기획한 재미있는 일에 참여할 수 있는 기회가 주어지면 적극적으로 함께했다. 스튜디오 설립 초반에는 누구나 그렇겠지만 수익을 생각할 여력이 없다. 서로 품앗이하듯이 작업에 참여하면서 최선을 다하다 보면 어느새 다음 기회가 생긴다.

최경주 작가의 프린트 레이블 '아티스트 프루프
Artist Proof' 쇼룸

스튜디오 씨오엠의 홈페이지를 보면 '전시 디자인, 공간 디자인, 가구 디자인, 무대 디자인 합니다'라고 업무 영역이 확실하게 명시되어 있다. 특히 유명 그래픽 디자이너와 함께한 전시 공간 디자인으로 이름을 알렸다.

솔직히 말하면 전시 디자인을 하면서 고생도 많았다. 전시 공간 디자인은 대부분 준비 기간이 짧고 예산이 적다 보니 공간 전체를 마감할 수 있는 여력이 없어 대다수가 집기 디자인에 집중할 수밖에 없다. 최소한의 예산 안에서 이 난제를 해결하기 위해 우리가 선택한 방법은 실험적인 아이디어를 저렴한 재료로 풀어내는 것이다. MDF, 파티클 보드, 합판, 각재 같은 저렴한 건축 재료를 주로 사용했다. 특히 합판은 원목보다 저렴하지만 다루기 쉽고 균일한 제품을 생산할 수 있다는 장점이 있다. 경제적으로 풀어낸 집기 구조가 관람객이나 전시 관계자에게는 소위 '힙hip 하게' 보이면서 차츰 이름이 알려지기 시작했다. 수많은 변수 속에서 우리에게 안정을 주는 방식을 찾은 것이다. '어떻게 하면 노동 시간을 줄일까?' 또 '어떻게 하면 쉽게 마감할 수 있을까?' 등 둘이 하는 소규모 스튜디오이다 보니 이런 부분을 연구하는 게 중요했다. 그때 쌓아 온 일명 '가난의 노하우'가 기저에 깔려 있어서인지 일반 인테리어 회사에서 보여 주는 균질한 세련됨이 오히려 어렵게 느껴진다.

여러 전시 디자인 작업 중 스튜디오 씨오엠의 디자인 아이덴티티가 집약된 대표 작업을 소개해 달라.

2016년 국립현대미술관에서 열렸던 암스테르담의 출판 플랫폼 로마 퍼블리케이션스의 출판물을 모은 전시 '예술가의 문서들: 예술, 타이포그래피 그리고 협업'의 공간 디자인을 뽑을 수 있겠다. 유럽 전시 때는 딱히 전시 공간 디자인에 대한 개념이 필요 없었다고 한다. 유럽은 아치나 기둥 같은 구조가 일상적이라 책상 위에 책을 정렬하는 것만으로도 강렬한 전시 공간이 만들어졌지만 한국은 그렇지 않다. 더구나 국립현대미술관의 디지털아카이브실은 일반 사무실과 다를 바 없는 상태라 장소의 열악함을 극복해야만 하는 과제가 있었다. 다행히 통창으로 둘러싸인 공간이라 햇빛이 잘 들어왔는데, 이를 적극 활용하고자 했다. 빛과 잘 어울리는 목재를 선택해 전체적으로 밝고 환한 분위기를 만들었다. 또 집기가 바닥에 만드는 그림자도 흥미로운 형태다. 로마 퍼블리케이션즈도 처음에는 전시 공간을 디자인한 곳에서 전시해 본 적이 없어 거부감을 가졌다가 실제 공간을 보고 상당히 만족했다.

젊은 디자이너에게 클라이언트 대응은 어렵게 느껴진다. 스튜디오 씨오엠만의 비법이 있나?

한주원은 실제보다 나이가 들어 보이는 반면 김세중은 어려 보인다. 외모만 보고 클라이언트가 김세중의 의견보다 한주원의 의견을 더 신뢰하기도 한다. 제나이로 보이는 외모였다면 클라이언트가 우리를 대하는 태도도 달라졌을 것이다. 한국에는 아직 확실히 나이 장벽이 있다. 클라이언트와의 미팅 자리에서는 외적인 부분에 신경 쓰는 것이 좋다. 우리는 조용하고 재미없는 사람들이다. 클라이언트를 만나도 우리의 이미지를 잘 보여 주기 위해 새로운 것을 준비할 의지도 여력도 없다. 사람들이 흔히 생각하는, 디자이너다운 화려한 제스처로 사람을 설득하는 일도 잘하지 못한다. 대신 다른 노선을 택했다. '우리에게 주어진 일을 최대한 잘하자'가 그것이다. 우리의 포트폴리오를 차곡차곡 잘 쌓다 보면 우리를 알아봐 주는 사람이 찾아오리라 생각했다. 지인 소개가 아닌 포트폴리오를 보고 연락하는 클라이언트들이 생겨나고 있어 뿌듯하다.

스튜디오 씨오엠의
Advice

• 인터넷 검색이 잘되고 기억하기 쉬운 스튜디오 이름은 아무리 강조해도 지나치지 않다. 떠올린 이름을 일단 인터넷에 검색해 보라.

• 클라이언트를 만날 때에는 외적인 부분에도 신경 써라. 어느 정도 나이 있어 보이는 것이 편할 수도 있다.

• 포트폴리오는 가장 강력한 홍보 수단이다. 홈페이지 업데이트에 게으름을 부리지 마라.

거리 선전

공모나 입찰에 참가하여 일을 따내는, 기존의 접근법이 잘 맞는 신진 디자이너도 많다. 그러나 그런 방법이 맞지 않는 이들도 있다. 그런 사람에게는 어떤 대안이 있을까?

이번에는 혁신적인 방법으로 자신의 기량과 재능을 전시하고 있는 젊은이들을 만나 보자. 이들은 익숙한 환경을 벗어나 거리에 자신의 아이디어를 펼쳐 놓는다. 거리 선전은 '나'라는 존재를 눈에 띄게 한다. 기존의 방식으로는 결코 만날 수 없었을 사람들에게 작품을 선보이는 것으로, 그 과정에서 자신을 다시금 확인하는 효과도 있다.

군중 속으로 들어가는 전략은 수많은 이점을 제공하지만 쉬운 길은 아니다. 관습을 뛰어넘는 접근은 진취적이고 효과적이지만 끝까지 밀고 나가기 어렵다. 한 번의 모험으로 만족할 것인가, 그것을 바탕으로 더 큰 그림을 그려 낼 것인가?

🚲 직접 고객을 찾아낼 것

건축 사무소 아이스크림 아키텍처
Icecream Architecture

아이스크림 아키텍처의 멤버들은 일찌감치 목표를 정했다. 그들은 건축학을 전공하면서 경영학도 함께 공부하며 치밀하게 앞날을 준비했다. 창업을 계획하는 학생이라면 복수 전공을 고려함 직하다. 특히 소규모 회사일수록 전공 이외의 분야에도 전문적인 지식을 가진 사람이 귀중한 자원이 될 수밖에 없다. 직접 장부를 관리하고 고객과 클라이언트의 다양한 요구를 만족시키는 능력은 값을 매길 수 없을 정도로 중요하다.

컨설팅 분야에서 또 하나의 핵심적인 능력은 관련 장소를 방문하여 당사자들과 대화하는 기술이다. 아이스크림 아키텍처의 승합차는 접근성이 뛰어난 '움직이는' 사무실이다. 차량이 크고 외관도 뛰어나면 좋겠지만 크기나 겉모습보다 중요한 것은 기동성과 가시성이다(하지만 충분히 크고 아름답지 않은가!).

어린 시절을 떠올리게 만드는 아이스크림 트럭은 재미있고 친근한 대상이다. 이 또한 젊은 건축가들의 치밀한 선택 결과다. 사업 성격과 완벽하게 어울리는 동시에 강력한 브랜드 아이덴티티로 기능하는 이러한 '장치'는 대단한 효과를 발휘한다. 아이스크림 트럭은 활동성을 상징한다. 트럭 주변에서는 전문 지식과 아이디어가 전시되고 관련 대화가 이루어진다. 사람들은 이 아이스크림 트럭에 주목하고 궁금해하고 발길을 멈춘다. 대기업들이 큰 예산을 들여 마케팅 업체를 고용하면서까지 얻으려 하는 효과 말이다.

아이스크림 아키텍처에서 일하는 사라 프루드Sarah Frood가 이 흥미로운 이야기를 전한다.

스코틀랜드 포트 윌리엄Fort William을 달리는 아이스크림 트럭

경험에서 얻은 것

"눈에 잘 띄는 트럭 덕분에
사람들은 마음 편히
우리에게 다가왔다."
_사라 프루드

아이스크림 아키텍처는 2009년에 설립되었다. 우
리는 건축학 석사 과정을 밟으면서 단기 집중 코스로
경영학도 함께 공부했다. 그리고 학교를 졸업한 뒤 아
이스크림 트럭 한 대를 샀다. 물론 사람들의 눈에 띄었
으면 하는 바람도 있었지만, 그보다 중요했던 것은 매
일 여러 동네를 돌아다니며 아이스크림을 팔던 트럭
처럼 우리도 사람들이 사는 지역을 돌아다니며 서비
스를 제공하고 싶다는 메시지였다.

우리는 새로운 방식으로 건축을 사고하고 싶었다.
남들과 다른 방식으로, 다른 장소에서 일거리를 찾고
싶었다. 이 귀여운 트럭 덕분에 사람들이 우리에게 부
담 없이 다가왔던 것 같다. 비록 경험은 많지 않았지만
모든 것은 사회적 차원과 경제적 차원에서 두루 기능
해야 한다고 생각했다. 우리에게 처음으로 일을 준 클
라이언트들은 계획에 보다 적극적으로 참여할 회사를
찾고 있었고, 지역 주민들이 바라거나 필요로 하는 바

를 더 잘 반영할 방법을 궁리하는 사람들이었다.

무슨 일이 벌어졌나

우리 트럭은 아이스크림 트럭처럼 곧 사람들을 끌어들이는 자석이 되었고, 사람들과 만나는 장소가 되었다. 우리는 시내 사무실을 나와 거리에서 일했다. 우리의 트럭, 우리의 브랜드는 '아이스크림 아키텍처'라는 회사의 정신을 매우 실용적이고 구체적으로 전달했다. 또 우리가 프로젝트를 진행하는 현장에서 그 작업을 더욱 가시적으로 드러내는 동시에 새로운 시장에 우리를 홍보하는 역할도 했다.

그 결과 입소문이 퍼져 신진 회사인 아이스크림 아키텍처가 초기 계약들을 따내기에 이르렀다. 이후 우리의 경험과 작업 규모는 경쟁적이고 민감한 건축 시장에서 살아남는 데 필요한 수준에 도달할 수 있었다.

"하고자 하는 사업의 성격에 완벽하게 어울리는 동시에 강력한 브랜드 정체성으로 기능하는 장치는 대단한 효과를 발휘한다."
_젬 바턴

🚲 게릴라처럼 임할 것

건축 회사 알마낙 컬래버레이티브 아키텍처
Alma-nac Collaborative Architecture

미래의 커리어를 삶의 불가결한 요소로 생각하면 큰 도움이 된다. 회사를 차리는 것은 무척 고단하고 어려운 일이지만 일이 잘 풀리기만 하면 큰 보상과 보람을 얻을 수 있다. 늘 이 점을 인지하고 앞날을 완벽하게 준비한다면, 장차 많은 문제를 쉽게 건너뛸 수 있을 것이다.

알마낙의 비결이 이것이다. 물론 이들도 요즘처럼 경기 침체가 심각할 때 좋은 직장을 그만두고 클라이언트 한 명 없이 회사를 차리는 것이 얼마나 무모한 도전인지 알고 있었다. 하지만 그들은 현실성보다 가능성을 면밀하게 따졌다. 그리고 최대한 많은 사람, 최대한 많은 잠재적 클라이언트들에게 이름을 알리고자 게릴라가 되었다.

이들은 런던에서 유동 인구가 가장 많은 거리에 '공짜 건축Free Architecture'이라는 슬로건으로 가판대를 차렸다. 전적으로 비밀공작(?)이었기에 위험을 무릅쓰고 허가도 받지 않았다. 좌판을 펼치기도 전에 경찰에 잡혀갈 수도 있다! 사람들은 알마낙의 이야기, 지식, 결단에 매료당했고 알마낙은 대중에 대해서, 그들이 건축을 어떻게 이해하며 또 이 도시를 얼마나 사랑하는지를 배웠다. 모두에게 유익한 시간이었다. 무엇보다 알마낙은 좋은 반응을 넘어 일거리까지 얻었다. 접이식 테이블과 포스터 몇 장으로 이룬 쾌거였다.

큰일을 하려면 자기 일에 확신이 있어야 한다. 거침없이 꿈을 좇고 실현하는 젊은이들의 모습에 대중은 언제나 긍정적으로 화답한다. 모두가 이들처럼 운이 좋을 수는 없겠지만 알마낙의 크리스 브라이언트Chris Bryant가 전하는 이야기에서 군중을 흔들 수 있는 묘수를 얻을 수 있지 않을까.

알마낙의 '공짜 건축' 가판대

경험에서 얻은 것

FREE ARCH ITEC TURE

불황의 중심에서 사업을 외쳤다! 업계 경력도 짧고 클라이언트 한 명 제대로 확보하지 못한 주제에 우리는 잘 다니던 직장을 때려치웠다. 그래도 패기에 차 있었고 앞날을 긍정적으로 내다보았다. 게다가 무척이나 순진했다. 신입에게는 이 또한 도움된다고 본다. 이것저것 따지느라 시작도 못하고 지지부진하는 것보다는, 직접 맞닥뜨리고 배우는 쪽이 낫다. 회사를 차리기로 결정한 이유는 자율성 때문이었다. 우리는 이 일을 우리 삶의 핵심 요소로 삼고 싶었다. 우리가 추구하는 가치들을 작업에 반영하고 싶었고, 관심을 끄는 계획이 있으면 자유롭게 밀어붙이고 싶었다. 그것을 종이 모형이 아니라 실제 작업에서도 견지하고 싶었다.

역시 클라이언트가 없다는 것이 문제였다. 하지만 복권 당첨과 다름없는 공개 모집, 경쟁 입찰에 매달리고 싶지는 않았다. 거기서 만날 수 있는 클라이언트는 한정되어 있고, 당선된 설계가 실현된다는 보장도 없으며, 무엇보다 수익을 (거의) 낼 수가 없다. 월세와 생활비는 생존의 문제다.

우리가 내놓은 답은 '공짜 건축'이라는 게릴라식 가판대였다. 게릴라처럼 아무 데나 출몰하여 원하는 사람 모두에게 무료로 디자인을 상담해 주는 것이다. 매주 토요일마다 우리는 런던에서 가장 북적이는 장소를 골라 자리 잡았다. 사무실 밖으로 나가 우리에게 일을 맡길 만한 사람들을 찾고, 사람들에게는 건축가와 편안하게 대화 나눌 기회를 주자는 아이디어였다. 결과는 예상을 훌쩍 뛰어넘었다. 많은 이들이 관심을 보였고, 우리를 격려해 주었다. 생각보다 많은 이들이 건축에 대해 이야기하고 싶어 했다. 건축에 특별히 관심 있는 사람도, 건축을 잘 아는 사람도 많았다.

한편 '공짜 건축' 가판대를 건축 전시회로 생각한 사람도 있었고, 공짜로 건물을 지어 주는 것으로 생각한 사람도 있었다. 이 모든 대화는 사람들이 디자인과 도시에 관심이 많다는 우리의 믿음을 한층 굳건하게 했다. 몸은 지쳤지만 대화와 호평에서 에너지를 얻을 수 있었다. 무엇보다 매일 평균 5–10건의 작업 문의가 들어왔다! 전부가 실제 작업으로 연결되지는 않았지만 우리를 알릴 수 있는 기회이자 클라이언트들이 무엇을 찾고 있는지 이해할 수 있는 계기가 되었다.

무슨 일이 벌어졌나

알마낙의 초반 활동 가운데 실현된 프로젝트의 일부는 가판대에서 만난 사람들과의 대화에서 시작되었다. 이것이 더 많은 의뢰로 이어졌고, 우리는 이제 꽤나 두툼한 포트폴리오를 가지고 일을 따내는 중이다.

'공짜 건축'을 통해 수백 명과 관계를 맺었고, 클라이언트에 관해 배웠고, 생각을 자극하는 수많은 대화를 나누었고, 회사의 기반이 될 프로젝트들을 따냈다. 모든 것은 고작 70파운드(약 10만 원) 남짓의 예산으로 만든 가판대와 포스터에서 시작되었다.

선배의 조언

아이디어는 검토하고 또 검토하는 과정에서 사라지기 일쑤며, 과감히 실행에 옮길 때 가장 많은 것을 배운다는 것이 우리가 경험으로 얻은 진리다. 계획하는 시간도 중요하지만 실천하는 시간이 더 만족스럽고, 즐겁고, 가치 있다. 다른 사람들이 하는 일을 질투하기보다는 나만의 길을 개척하는 데 집중해야 한다.

"밖으로 나가 사람들을 만나고 싶었다. 건축이 무엇인지 건축가가 어디에 있는지 모르는 사람도 있으니까. 우리는 길 위에서 사람들과 자유롭게 대화하며 그 벽을 무너뜨렸다."
_크리스 브라이언트

취직하지 않고 <u>독립하기로 했다</u>

게임의 규칙을 바꿀 것

건축가 행크 부티타

Hank Buttita

많은 디자이너와 아티스트가 학생 때 이미 학계와 업계의 뿌리 깊은 위계 구조에 거부감을 느꼈을 것이다. 그리고 제도적 압력에 맞서 기존의 형식에 문제를 제기하고, 참신한 설계서를 제출하고, 결국 지평을 넓힌다. 행크 부티타도 그런 학생이었다.

그리기보다 만들기를 좋아했던 그는 대개 모형이나 드로잉 형식으로 대체되는 졸업 전시회에 실제 작품을 내놓고 싶었다. 그의 계획서는 지도 교수를 설득하기에 충분했다. 행크는 사비 3천 달러(약 350만 원)를 들여 자신의 열정과 결의를 실물로 증명했다. 그의 졸업 작품은 신인 아티스트를 소개하는 세계 곳곳의 전시 웹 사이트에 소개되었다. 행크는 규칙을 바꾸고 다른 관점을 취함으로써 눈에 띌 수 있었다. 가시성은 유용한 자원이다. 일자리를 구할 때, 클라이언트에게 자신의 실력을 증명해야 할 때, 내 이름을 아는 넓은 네트워크가 있다는 것은 값으로 따질 수 없는 든든한 배경이 된다.

행크는 사업가 정신이 충만한 젊은이로, 자신만의 개성 넘치는 디자인을 통하여 업계 최전선을 개척하며 커리어를 쌓아 가고 있다.

"업계의 관습을 거부하고
내 손으로 만들겠다는
나의 신조를 따랐다.
그러지 않았더라면
주목받지 못했을 것이고,
지금도 어딘가에
묻혀 있었을 것이다."
_행크 부티타

경험에서 얻은 것

　건축학도였던 나는 가상의 클라이언트를 위해 실현되지 않을 건물을 그리는 일에 신물 났다. 그림만으로는 알 수 없는 세밀한 부분을 따지는 것도 지겨워졌다. 손을 움직이며 작은 곳 구석구석까지 탐색하는 것이 좋은 나는 실제 작업이든 모형이든 실물 크기로 작업하는 쪽이 훨씬 즐겁다. 그래서 석사 학위 졸업 전시회를 앞두고 (실현되지 않을 공간을 설계하는 대신) 재정적·학문적 위험을 무릅쓰고 3천 달러짜리 중고 스쿨버스를 한 대 구입했다. 그 후 한 학기 내내 그것을 나의 작은 생활공간으로 바꾸었다. 핵심은 버스라는 소재가 아니라, 실제적인 건축을 통해 설계의 가치를 논하고 건축 교육의 관념적인 성격에 의문을 제기하는 데 있었다.

　고작 4개월 동안에 이것을 해내는 것은 물리적으로나 정신적으로나 고된 일이었고, 특히 경제적으로는 거의 재앙에 가까웠다. 하지만 위험을 감수하고 땀을 쏟은 만큼 멋진 결과를 얻을 수 있었다. 이 프로젝트로 내 이름을 알릴 수 있었고, 고대하던 클라이언트들을 얻은 덕분에 건축가로서 커리어를 시작할 수 있었다.

　학교를 졸업한 뒤에는 사진을 전공한 친구와 의기투합하여 졸업 전시회에 출품했던 스쿨버스를 몰고 미국 서부를 여행했다. 그가 찍은 멋진 사진에 힘입어 우리는 스쿨버스에서 벌어진 이야기를 전 세계 사람들에게 전할 수 있었고, 작은 집 운동을 널리 알리며 아름답고 기능적인 작은 공간의 가능성을 증명할 수 있었다.

무슨 일이 벌어졌나

7년간 건축을 공부하면서 이 업계가 내가 상상하던 것과는 다름을 절실하게 깨달았다. 나는 설사 설계로만 끝나는 작품일지라도 어느 정도는 직접 만지고 상호 작용할 수 있어야지, 그렇지 않으면 흥미를 잃어버린다. 모형이 아니라 원형을 만들고 설계를 실현하고 싶었다.

학교를 졸업한 뒤에는 건축 회사에 이력서를 돌리는 대신에 창고를 하나 빌려 작은 목공소를 차리고 낡아 빠진 중고 4×8 CNC 조각기 하나를 들여놓았다. 그후로 지금까지 프리랜서 건축가로서, 이런저런 것들을 설계하고 제작하면서 1인 회사를 그럭저럭 꾸리고 있는 중이다.

나는 사람들이 말하는 '수상한' 사람이다. 아침부터 밤까지 작업실에만 처박혀 있으니까. 하지만 때때로 학생들이 찾아와 모형이나 구조물, 역학에 대해 물으면 가르쳐 주고, 태양열 설비를 개발하는 교수 밑에서 연구 보조로 일하기도 했다. 지금은 모교에서 재료학을 강의하고, 동료들이 디지털 장비를 제작하는 데도 도움을 주고 있다.

드로잉으로 만족하라는 학계의 관습을 거부하고 제작까지 진행했다. 그것이 아니었다면 주목받지 못했을 것이다. 분명 지금까지도 어딘가에 묻혀 있지 않았을까. 우리가 대학에서 할 수 있는 가장 중요한 일 중 하나는 네트워크를 형성하는 것이다. 디자인 관련 학과는 더욱 그러하다. 네트워크에 들어가는 목적은 이름을 알리고, 이 업계에 첫발을 내딛는 것이다. 아무리

행크의 버스

시대가 바뀌었다고 해도 일자리나 클라이언트를 찾는 기초는 그대로다. 눈에 띄는 독특한 프로젝트 하나로 이름을 알리기 시작한 이후 나의 네트워크는 계속 확장 중이다. 이제 그들은 나를 전 세계의 더 많은 전문가와 더 많은 클라이언트에게 연결시켜 준다.

디자이너는발명가가아니다

프로젝트 건축 회사 애버런트 아키텍처Aberrant Architecture의
데이비드 챔버스David Chambers와 케빈 헤일리Kevin Haley가 말하는 거리 선전

건축이란 본질적으로 '움직이지 않는' 예술이다. 왜 냐하면 우리 모두는 고정된 건물 안에서 생활하고 일하고 또 즐기며 살기 때문이다. 하지만 디지털 시 대에는 조금 다르다. 우리는 점점 더 자유롭게 이동 하고 흘러 다니며 일상을 경험하고 있다. 그러면서 중금속으로 만들어진 땅에 딱 붙어 있는 건물만으로 는 해결되지 않는 무언가를 요구하기 시작했다.

그래서 '움직이는 건축'은 어떠한 단일 공간을 영 구히 점유하지 않는다는 것이 원칙이다. 기존의 건 축적인 고려 사항이 전혀 개입되지 않는다는 뜻인 데, 오히려 이 때문에 더욱 수준 높고 더욱 아슬아슬 한 디자인 해법이 모색될 수 있다. 재료와 색채를 보 다 과감하게 선택할 수 있고, 고정된 건물보다 더욱 가시적으로 사람들의 관심을 끌 수 있다.

게다가 이러한 영역에서 젊은 디자이너들이 효과 적으로 재능을 발휘하고 인지도를 확보할 수 있다. 움직이는 건축 프로젝트는 비교적 빠른 시간 안에 실현되기 때문에 작업자에게는 짧은 시간 안에 완 성작 포트폴리오를 늘릴 수 있는 기회다.

애버런트 아키텍처의 첫 번째 움직이는 프로젝트는 '작은 순회 극장Tiny Travelling Theatre'이었다. 2012년 런던 클러켄웰Clerkenwell 디자인 주간에 첫 무대를 선보인 이 움직이는 극장은 축제 기간 동안 북쪽으로는 클러켄웰 그린부터 남쪽으로 세인트 존 스퀘어까지, 무대를 펼칠 수 있는 여러 장소를 돌아다니며 순회공연을 진행했다.

이 극장에서는 최대 여섯 명의 관객이 벽으로 둘러싸인 무대 안에 앉아, 단 한 사람이 단 한 차례만 공연하는 연극, 코미디, 음악 공연을 관람할 수 있다. 관객의 참여도 활발하게 이루어진다. 무대에 소리 깔때기를 장착해 두었기에 지나가는 사람들은 안에서 벌어지는 일들을 살짝 엿들을 수 있었다. 또한 건물 바깥쪽에 접이식 테이블과 얼음 통이 설치되어 있어 관객들은 공연 전후로 간이 술집에서 자유롭게 음료를 즐길 수 있었다.

움직이는 프로젝트는 작품이 한 장소에 고정되어 있을 때보다 훨씬 더 많은 관객에게 작품을 노출시킬 수 있다. 가령 '작은 순회 극장'은 이후로도 지금까지 영국 전역의 여러 지역에 출몰하고 있으며, 최근에는 퀸 엘리자베스 올림픽 공원에서 열린 이벤트에 참가하여 수천 명의 관객을 만나기도 했다.

우리는 이것을 처음부터 팝업pop-up* 프로젝트로 구상했다. 그리고 우리의 또 다른 움직이는 프로젝트인 '로밍 마켓 The Roaming Market'은 워털루의 로어 마시 마켓Lower Marsh Market을 위한 작업으로, 처음에는 고정 건축물로 구상했다가 움직이는 작품으로 완성한 경우다. '작은 순회 극장'이 클러켄웰 지역을 돌아다녔듯이 '로밍 마켓'은 워털루 지역 곳곳을 옮겨 다닐 수 있다.

이 작은 구조물은 어느 곳이나 자리 잡을 수 있고 손쉽게 펼치면 다목적 가판대로 변신한다. 안에는 사람들이 앉을 자리와 붙박이 체스 판이 있고, 건물 옥상에는 라이브 공연과 이벤트를 열 수 있는 무대도 마련되어 있다.

분명히 말하지만 새로운 접근법을 취한다고 해서 모든 것을 처음부터 다시 발명할 필요는 없다. 우리가 만든 모든 움직이는 작품들 그러니까 카트, 이동 주택, 포장마차 등은 다양한 크기의 기본 운반 수단을 색다른 용도로 탈바꿈시킨 것이다. 가령 헌혈 버스의 섀시를 떼어 내고 내부 골조에 새로운 건축적

• '떴다 사라진다'는 의미로 단기간 동안 운영되는 것
•• 자동차의 무게를 받쳐 주는 장치

아이디어를 덧입혀 보는 것은 어떨까?

바퀴, 제동 장치 등의 공장에서 대량 생산되는 구동 장치를 활용하는 방법도 있다. 서스펜션suspension**이니 구동축이니 하는 공학적인 문제를 건너뛰고 건축 문제에만 집중하며 설계를 고민하고 실현할 수 있다. 완성된 작품을 길 위에서 진짜 운전할 수 있다는 이점도 있다.

가능하면 디자인의 시작 단계에서부터 관련 장치를 만드는 사람들과 함께 일하는 것이 좋다. 그보다 좋은 방법은 직접 만들어 보는 것이다! 일단 기존의 물건을 분해하여 어떤 부품들이 어떻게 맞물려 있는지 들여다보면 그것의 작동 원리를 이해할 수 있고, 이를 바탕으로 재료와 공학의 가능성을 한층 깊이 파고들 수 있을 것이다.

전문화 vs 다양화

전문화란 고유의 영역을 가지는 것, 다시 말해 모든 달걀을 완벽한 하나의 바구니에 담는 것이다. 위험한 선택이 아닐까 싶지만 세상은 점점 다양해지고 있고, 우리의 욕구와 필요 또한 다각화되고 있다. 그에 따라 새로운 것을 만들어 내는 능력이 점점 더 중요해지고 있다. 따라서 열정을 나침반으로 삼는 것은, 확률적으로도 승산 있는 도전이다. 사람은 자신이 좋아하는 일을 잘하려고 하는 기질이 있다.

이번에는 정신없는 디자인 세계에서 특화된 전문성을 무기로 틈새시장을 찾아낸 이들을 살필 것이다. 특정 분야의 일을 아주 잘한다면 쉽고 빠르게 그 분야를 장악할 수 있다. 집중하여 특별해질 것, 이것이 이들의 신조다.

한편 '아는 것이 많은 바보'라는 관용구 역시 더 이상 통하지 않는다. 최근 10년 동안 '다양성'이 계속 부각되고 있다. 많은 회사와 개인이 여러 종류의 서비스를 동시에 제공하고 위험을 분산함으로써 변화에 유연하게 적응한다. 이러한 모색은 경제가 불안정한 시기에 더욱 유효하다. 그뿐만 아니라 삶을 살아가는 방식 자체로 여러 영역에서 절묘한 균형을 즐기는 이들도 적지 않다.

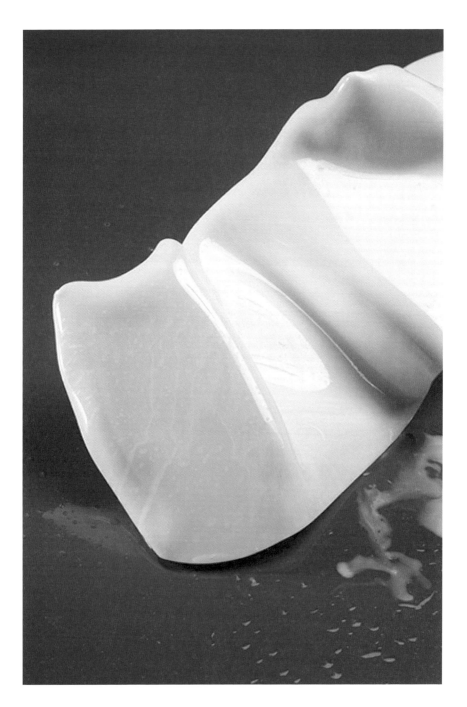

　　취직하지 않고 <u>독립하기로 했다</u>

실험하고 또 실험할 것

아트 디렉션 회사 르 크리에이티브 스웨트숍
Le Creative Sweatshop

르 크리에이티브 스웨트숍은 스테판 페리에Stéphane Perrier, 줄리앙 모린Julien Morin, 마티외 미시앙Matieu Missiaen, 이렇게 세 명의 프랑스 디자이너가 만든 회사다. 페리에는 자신들의 작품이 독특하다는 것을 늘 의식해 왔다. 스웨트숍의 연이은 성공은 새로운 방법을 찾아내고 새로운 기술을 배우고자 하는, 세 젊은 이의 지치지 않는 열정에서 비롯되었다고 그는 말한다.

스웨트숍은 재료와 형태적 실험을 전문으로 한다. 3차원 세계의 물리학과 역학을 바탕으로 하는데, 독자적인 프로젝트에서나 닛산, 에르메스, 스텔라 매카트니Stella McCartney, 카르티에 등과 같은 세계 유수의 회사를 위한 아트 디렉션에서나 가장 의외의 재료를 발굴한다. 최우선 기준은 독창성과 품질이다. 거의 모든 구성 요소를 손으로 직접 만듦으로써 수수하지만 희귀하고 섬세한 특질을 강조한다. 역동적이고 탄력적이고 민감한 이 회사는, 또 다른 영역의 인재들과 협업 네트워크를 이루며 재료의 새로운 가능성을 실현 중이다.

스웨트숍은 굳이 전문성을 내세우지는 않는다. 실제로 여러 분야에서 다양한 방식으로 일하고 있다. 그러나 이들의 셀링 포인트는 역시 '물성'에 천착하는 접근법에 있다. 스웨트숍의 포트폴리오는 다양한 작품을 하나로 꿰는 특징을 가지며, 그것이 그들을 돋보이게 한다. 작품들의 밀도 높은 개성은 쉽게 잊히지 않는다. 높은 기준을 요구하는 혁신에는 상당한 압력이 따를 수밖에 없다. 처음 다루는 재료에 대해서까지 충분한 확신을 가지려면 담대한 배짱이 필요하지만 결국 진실한 자신감은 치열한 연구에서 나온다. 이러한 상황에서 가장 필요한 존재는 좋은 친구들, 그리고 마르지 않는 영감의 원천이다. 한 분야를 특화한다는 것은 똑같은 일을 지루하게 반복하는 것과는 다르다. 오히려 다른 방식으로는 얻을 수 없는 특별한 기회를 가능케 하는 전략이 필요하다.

56쪽과 위: 〈다섯 개의 과일5 Fruits〉

경험에서 얻은 것

　학생 시절, 선생님들은 내가 조소와 3D 그래픽으로 자꾸 무엇을 만드는 것인지 몰라 어리둥절해하셨다. 학교에는 정해진 방법이 있었고, 교사들은 그 좁디좁은 한계 바깥을 생각하려 하지 않았다.

　나 역시 졸업 후에 가능한 모든 회사에 이력서를 넣어 인턴 자리를 찾았다. 그리고 운 좋게도 처음 인턴으로 일한 회사에서 지금까지 일하고 있다. 하지만 학생 때 미래를 창의적으로 꿈꾸지 않았더라면, 다른 그래픽 디자이너들처럼 컴퓨터만 붙들고 씨름하고 있었을 것이다. 다행히 매일 다른 것, 디지털이 아니라 실물로 된 것을 만들며 재미있게 살아가고 있다.

　스웨트숍은 삼인조다. 강점은 각자의 개성이 고스란히 살아 있다는 것이다. 우리는 서로에게 힘이 되고 때때로 자극이 된다. 집에서 혼자 일하면 일과 리듬이 없어져 감각이 무뎌진다고들 하지만 우리는 정반대다. 아침 일찍부터 부지런하게 일하진 않지만 다들 자기 할 일을 하고, 결국 멋진 결과물을 내놓는다.

　사실 우리 중에는 디자인 전공자가 없다. 그러나 지난 5년간 다양한 기법과 여러 매체로 작업해 왔다. 우리는 우리 안에서 배우고, 우리가 선택한 것을 배운다. 2009년에 스웨트숍이 처음 선택한 재료는 종이였다. 그 후로 매체에 변화를 주자는 판단을 했고, 보다 넓은 범위의 다양한 재료를 쓰게 되었다. 콘크리트, 젤리, 플라스틱, 플렉시글라스plexiglass• 등이 그간 우리가 섭렵한 재료다. 새로운 기법을 선택할 때마다 새 학년을 시작하는 기분이다!

• 유리처럼 투명한 합성수지

선배의 조언

후배들에게 전하고 싶은 메시지가 있다면 "좋아하는 것을 해! 남들 말은 듣지 마!"이다. 우리는 정말 많은 것을 시도한 끝에 가장 독창적이고 가장 마음에 드는 것을 발견했다. 독립하려면 배짱도 있어야 하고 끈기도 있어야 한다. 하지만 그럴 만한 가치가 있다. 상사의 눈치를 보지 않고 매일 새로운 시도를 할 수 있기 때문이다. 당신에게 필요한 것은 좋은 음악과 친구, 그리고 고집이다.

우리는 이메일 이력서를 좋아하지 않는다. 그보다는 직접 만나서 자기 작품을 어떻게 제시하는지, 그에게 우리가 원하는 기량과 기술이 있는지 확인하는 게 훨씬 좋다. 다재다능하고 수완 좋은 인재는 드물다. 그래서 열정이 있고 흥미를 끄는 사람을 발견하면 그에게 우리의 작업 방식과 새로운 기술을 가르치면서 함께 일한다.

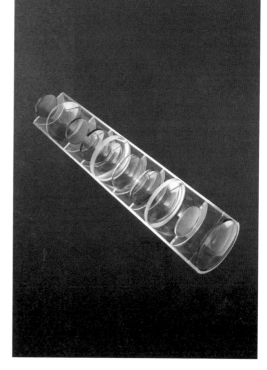

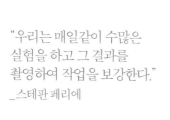

"우리는 매일같이 수많은 실험을 하고 그 결과를 촬영하여 작업을 보강한다."
_스테판 페리에

프랑스의 안경 브랜드 지미 페어리Jimmy Fairly

<꼬마 도서관Little Free Library>

취직하지 않고 <u>독립하기로 했다</u>

우상에게 배울 것

건축 · 디자인 듀오 스테레오탱크
Stereotank

전문화 전략은 두 가지 방향에서 형성된다. 처음부터 의도적으로 시장 전체보다는 틈새시장을 공략하는 경우가 있고, 자신의 직관과 욕망을 따르는 과정에서 자연스럽게 반복되는 주제를 발견하는 경우가 있다.

가끔은 두 가지가 공존하기도 한다. 뉴욕을 중심으로 활동하는 건축·디자인 듀오 마르셀로 에르토르트가이Marcelo Ertorteguy와 사라 발렌테Sara Valente가 그렇다. 스테레오탱크를 결성하기에 앞서 그들은 장차 회사를 운영할 때 필요한 실무 지식을 얻고자 미래의 스테레오탱크와 비슷한 성격의 회사에서 일했다. 영리한 행보다. 업계 경험자에게 앞으로 겪을 법한 상황들을 미리 접하면서 배우는 것은 독립을 준비하는 효과적인 전략이다.

모든 일이 그렇듯이 회사를 운영하는 데에도 사전 조사와 훈련, 기초 작업이 필요하다. 언젠가 같은 프로젝트와 클라이언트를 두고 경쟁하게 될 회사만큼이 같은 목적에 맞는 곳이 있을까.

위부터: 〈자전거—전화Cyclo-phone〉,
〈컨테이너 기타Cargo Guitar〉,
〈심장 박동Heartbeat〉

경험에서 얻은 것

우리는 다양화를 버리고 전문화를 선택한 것이 아니라 좋아하는 주제를 다루는 과정에서 자연스럽게 전문성을 획득했다. 같은 오브제, 같은 테마, 같은 아이디어가 쌓이면서 작업 목록에 일정한 방향과 전망이 잡혔다. 그리고 이 포트폴리오가 모든 것을 결정했다. 프로젝트 하나하나가 실마리가 되어 다음 프로젝트를 끌어왔다. 디자이너에게 제일 힘 있는 홍보 수단은 포트폴리오다.

디자이너이자 아티스트로서 우리가 가장 매료당하는 특성은 비관습성이다. 우리는 가장 기초적인 것부터 다시 생각하고 다시 발명하는 것을 좋아한다. 기본을 이루는 것들에는 새로운 통찰로 이어지는 기회가 들어 있다. 오래되고 익숙한 물건도 처음 보는 것처럼 새롭게 바라봐야 한다.

우리의 궁극적인 목표는 '자립'이었다. 아무리 학교가 직업 훈련을 위한 실험실이라고 해도, 사회에 나와 독자적으로 활동하는 데 필요한 원천인 인지도를 보장하지는 못한다. 졸업 후 몇 년 정도라도 나와 비슷한 취향의 회사에서 경험을 쌓는다면, 앞으로 이 분야에서 활동하는 데 많은 도움을 얻을 수 있을 것이다. 우상을 뛰어넘으려면 우상을 잘 알아야만 한다.

"한 분야에서 전문성을 가지려면
여러 분야를 알아야 한다.
그 수많은 가능성 중에서 나에게 맞는
단 하나의 가능성을 택해야 하니까."
_스테레오탱크

협업은 성장의 불가결한 요소다. 내 작업을 동료가 보강해 주고, 나에게 부족한 부분을 동료가 채워 주는 것만큼 생산적인 작업 방식은 없다. 가치관을 공유하는 구성원들이 모여 건강하고 생산적으로 경쟁할 수 있다는 것도 협업의 긍정적인 효과다.

스테레오탱크 역시 협업을 발판으로 삼아 뉴욕에서 첫 프로젝트를 실현할 수 있었다. 다양한 층위에서 협업이 이루어졌는데, 우리는 다른 두 디자이너와 팀을 이루어 뉴욕 교통부가 지원하고 한 비영리 단체가 진행하는 사업에 참여했다. 그때 설계한 〈몰터레이션 즈Mall-terations〉는 2009년에 세워져 2년 넘게 자리를 지켰다. 로어 이스트 사이드 지역의 이주 역사를 기념하는 작품이다. 우리는 산책로 바닥에 역사적 사실을 그림으로 표현하고 옛 철로를 떠올리게 하는 그래픽을 입혔으며, 360도 회전하는 다섯 개의 알록달록한 벤치를 설치해 공원에 활기를 불어넣었다.

무슨 일이 벌어졌나

뉴욕에서 건축가가 일할 수 있는 분야는 고급 주택, 상점, 부티크, 연회 공간, 그리고 일부 사회 기반 시설에 한정된다. 뉴욕에서 활동하는 소규모 스튜디오 가운데 예술과 창의성을 중심으로 하는 프로젝트에만 집중해도 살아남을 수 있는 곳은 거의 없을 것이다. 우리는 여기서 디자인 업계의 '틈새시장'을 찾았다. 물론 우리만의 길을 개척하기 전에 전통적인 경로를 충분히 탐색했으며, 이를 통해 두 가지 교훈을 얻었다.

하나는 졸업한 지 얼마 안 된 신진 아티스트로서는 도저히 취할 수 없는 관점에서 이 직종을 이해한 것이고, 다른 하나는 독립의 필요성을 재차 확인한 것이었다. 자유로워질수록 더 잘 생각할 수 있고, 더 잘 생각할수록 더 행복해짐을 배웠다.

"회사를 차리는 데는 사전 조사와 훈련, 기초 작업이 필요하다. 다른 회사에서 일을 배워 보는 것도 좋은 전략이다."
_젬 바턴

〈몰터레이션즈〉

<콘크리트를 위한 패션Fashion For Concrete>

취직하지 않고 <u>독립하기로 했다</u>

반복하고 반복하고 발전할 것, 또 반복할 것

애니메이션 감독 겸 디자이너 파브리스 르 네제

Fabrice Le Nezet

때때로 우리는 '그냥' 안다. 파브리스가 자신은 전통적인 의미의 직업에는 결코 100% 만족하지 못하리라는 것을 알았듯이. 그는 그것을 있는 그대로 받아들였다. 그리고 직장에 나가는 대신 프리랜서가 되어 생계를 유지하는 한편으로 자기 작업도 진행하기로 결심했다.

파브리스는 다년간의 반복과 보완 과정을 거쳐 독자적인 스타일을 수립했다. 아티스트나 디자이너에게 트레이드마크가 있다는 사실이 어떤 사람에게는 문제로 여겨질 수도 있다. 같은 작업 방식을 너무 오래 붙잡고 있는 것, 클라이언트의 요구에 충실히 응하지 않는 것으로 해석한다면 말이다. 하지만 그는 다르게 생각한다. 보는 순간 누군가를 떠올리게 하는 스타일이 있다는 것은 그만큼 '힘'을 가졌다는 뜻이라고. 우리가 스쳐 지나가는 짧은 화면에서도 웨스 앤더슨Wes Anderson•의 영화를 알아보듯이 말이다.

오랫동안 같은 일을 반복하는 것을 두려워하지 않을 때, 우리 모두는 전보다 나아지고 훌륭해진다. 반복은 '디자인'이라는 업무 본연의 특성이다. 따라서 얼마든지 긍정적인 수단이 될 수 있다. 파브리스는 반복을 통해 끊임없이 정수를 추출해 내는 것이야말로 자신의 작업 목표라고 말한다.

• 영화 〈그랜드 부다페스트 호텔The Grand Budapest Hotel〉의 감독

"전문화 전략이란
영원히 똑같은 것만
만들어 내는 것과는
본질적으로 다르다."
_파브리스 르 네제

〈2012 봄/여름 Spring/Summer 2012〉

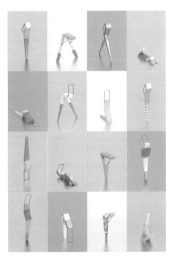

경험에서 얻은 것

　몇 년간 나는 한 디렉터 집단에 소속되어 단편 영화부터 뮤직비디오, TV 광고 등 다양한 작품들을 연출해 왔다. 우리 팀은 다양한 스타일을 개척하고자 프로젝트마다 새로운 경험을 창출하기 위해 노력했다. 덕분에 대부분 좋은 평가를 받았지만, 때로는 사람들이 우리 스타일을 쉽게 알아보지 못하는 것도 경험했다. 개인 활동을 시작하면서 내세운 목표는 단 하나, '내가 하고 싶은 것을 다 하겠다'였다. 그러나 여러 작업을 경험하면서 원칙이 완전히 바뀌었다.

　나는 전문화 전략이 맞다. 누가 봐도 내 작품임을 단번에 알 수 있는, 독자적인 스타일이 좋다. 참여한 모든 작품이 작업과 경력을 알리는 매개체가 되어 주기 때문이다. 게다가 사람들이 내 작품에서 연속성을 발견하는 것이 짜릿하다. 내 스타일을 좋아하는 사람들이 나에게 직접 연락하는 일도 있다. 내 조소 작업에는 물감을 칠한 금속관과 콘크리트 덩어리가 계속 등장하는데, 이것이 나의 트레이드마크다. 프로젝트에 따라 콘셉트는 조금씩 달라지지만 모든 작품에 분명한 연관성이 있다.

　다른 디자이너들의 이야기를 들어 보면 많은 이들이 생각보다 훨씬 다양한 성격의 작업을 동시에 진행하고 있음을 알 수 있다. 그러나 그들은 작품에 자신을 담아내지 못한다. 마음에 들지 않아서가 아니라 자신의 이미지가 작품과 맞아떨어지는 경우가 드물기 때문이다. 나 역시 때로는 여러 가지 일을 해야 하고, 또 하고 싶지만 중요한 것은 꾸준히 작품에 개성을 드러내는 것이다.

선배의 조언

첫 일감을 쉽게 찾으려면 예술가로서의 탐구 능력만이 아니라 기술자로서의 유용한 기술들도 습득해두는 것이 좋다. 그런 것까지 필요하냐고 반문한다면, 재정적으로 자립한 상태에서야 예술가로서 탐색을 이어 나갈 수 있다고 말하고 싶다. 아이러니하게도 모두가 꿈꾸는 직업이 모두에게 완전히 어울리는 것은 아니다. 사실 반대의 상황에서 오히려 많은 아이디어를 끌어낼 수 있다. 내 경우에는 지루한 작업에 손발이 묶여 있을 때, 새로운 프로젝트를 위한 아이디어가 샘솟는다. 적절한 균형을 찾는 것이 쉽지는 않지만 그것을 찾아내야만 한다.

다양한 매체를 다루는 능력도 중요하다. 매체는 자신의 관점을 쇄신하고 재정비할 수 있는 흥미로운 방법이다. 어떤 분야에 특화된다는 것은 영원히 똑같은 것만 만든다는 의미가 아니다. 누구나 어느 시점에서는 권태를 느끼기도 하고, 심하게는 자신의 작업 자체에 회의를 가질 수도 있다. 그럴 때는 조금씩만 새로운 방향으로 전진하면 된다. 새로운 것을 시도하고 싶으면 시도하면 된다. 시간이 지나면 그 모든 것이 이어져있음을 알 수 있을 것이다. 가령 내 작업은 처음에는 단순한 장난감이었다가 점점 더 간소하고 절제된, 조소에 가까운 콘크리트 장난감으로 이어졌다. 그것이 마침내 콘크리트와 금속을 재료로 하는 본격적인 조소 작업으로 발전했다.

> "한눈에 알아볼 수 있는 스타일을 가지면 한눈에 알아볼 수 있는 디자이너가 된다."
> _젬 바턴

맨 아래: 〈헐링* 선수들Hurling Players〉
아래: 〈측량: 무게Measures: Weight〉

• 하키와 비슷한 게임

〈당신과 나You And Me〉

취직하지 않고 독립하기로 했다

비즈니스는 바빠야 좋은 것

디자이너 겸 저널리스트 애덤 너새니얼 퍼먼
Adam Nathaniel Furman

타고난 곡예사들이 있다. 여러 활동과 관계가 동시에 진행될 때, 가장 행복하고 가장 의욕적이고 가장 창의적인 이들 말이다. 애덤은 자신의 수많은 관심사(건축, 디자인, 미술, 글쓰기)를 '아이들'이라고 부른다. 저마다 제멋대로 뛰어다니지만 본질적으로는 연결되어 있다는 의미다. 그는 어느 한 '아이'를 편애하지 않는다. 모두가 가족이라는 역동적인 전체의 부분이기 때문이다.

여러 분야를 넘나들며 일하는 것이 모두에게 효율적인 것은 아니다. 한 분야 한 분야에서 성장하고 배우는 데는 시간이 들기 마련이다. 그래서 다양화 전략을 선택한 이들은 일과 시간 외에도 다른 작업을 병행하고 새로운 기법을 익히느라 바쁘다. 그러나 그런 고된 노력이 무한한 가능성을 창출한다.

애덤처럼 경계를 가로지르는 디자이너는 민첩하고 과감하게 움직여 여러 목표를 성취한다. 하고 싶은 일, 해야 하는 일이 있으면 반드시 해낸다. 이들은 성공하기를 끝없이 욕망하고, 그 욕망에 맞추어 삶을 조직할 줄 안다. 그것이 클라이언트와 고용인을 사로잡는 매력 요소다.

"밤에도 일하고
새벽에도 일하고
주말에도 일한다.
내가 좋아서 일하는 괴짜
취미가 일인 괴짜
그것이 나의 방식이다."
_애덤 너새니얼 퍼먼

경험에서 얻은 것

지금까지의 경험으로 내가 여러 일을 동시에 하는 것을 좋아함을 깨달았다. 무엇 하나 빠져서는 안 된다. 대가족을 이루고 사는 기분이랄까. 아이들이 사방으로 뛰어다니고, 모두에게 이것저것 챙겨 주어야 하고, 때로는 광란에 가까운 사태가 벌어진다. 하지만 이 때문에 사랑과 기쁨이 넘친다. 저널리즘, 시, 영상, 제품 디자인, 예술, 인테리어, 건축, 도예는 모두 공평하게 돌봐야 하는 자식들이다. 아이들은 저들끼리 놀고 보살피며, 각자가 배운 것을 서로에게 가르치며 우리 가족을 풍요롭게 한다.

정상적인 경로로 디자인계와 미디어계에 진입하고 또 인지도를 쌓는 것은 나에게는 사실상 불가능한 일이었다. 나는 그쪽과 맞지 않았다. 천만다행히 인터넷이 있었다! 나는 온라인으로 작업을 선보였다. 덕분에 계속 나아가도 되겠다는 확신을 가졌다. 처음에는 블로그를 통해 소수의 관객을 만났지만 그 수가 점점 늘었고, 지금은 (아주 가끔, 매우 작은 구석 자리에) 주류 미디어에도 소개된다. 내 작업은 이상하고, 복잡하고, 난해하지만(인정!), 세상에는 그런 것을 좋아하는 사람도 있었다.

나는 일이 제일 좋은 괴짜다. 물론 프로젝트의 성격은 매번 달라진다. 건축 디자인 작업은 협업이 많고 일하는 사람도 다양하다. 제품 디자인 작업은 제작자와의 긴밀한 관계가 중요한데, 대개 두세 군데 업체나 개인이 함께한다. 혼자만의 공간에서 비언어적인 방식으로 아이디어를 탐색하는 것도 재미있다. 앞으로 또 어떻게 달라질지 모른다. 운이 좋아 대형 프로젝트를 맡을 날이 올지도?!

무슨 일이 벌어졌나

여기저기 이력서를 내느라 많은 밤을 보냈지만 결과는 언제나 기대 이하였다. 당시에는 무척 화가 났지만 내가 그들이었어도 내 이력서를 보고 "뭐야? 대체 뭘 할 줄 안다는 거지?" 했을 것이다. 결국 나는 사뭇 다른 경로로 일자리를 찾았다. 이를테면 누군가가 트위터에서 내 계정을 팔로우하다가 나의 작업과 생각, 기량을 보고 함께 일하자고 제안한 적이 있다. 또 예전에 이력서를 냈던 회사는 나에 대해 전혀 모르다가 의외의 인맥(학창 시절 선생님이 그 회사 디렉터와 함께 일한 적이 있었다)을 통해 일자리를 제안해 왔다.

이후 많은 진전이 있었다. 디자인 뮤지엄의 '디자이너 레지던스' 프로그램, 아메리칸 아카데미의 로마 상 등에 입상했으며, 건축협회의 '리서치 클러스터 Research Cluster'에도 선정되었다. 아마도 매혹적인 제안서로 심사위원들을 사로잡는 나만의 기술이 한몫했던 것 같다. 다행히 모든 사업에서 좋은 결과가 나왔다.

저널리즘 분야에서도 좋은 경험을 했다. 나는 글쓰기를 멈춘 적이 없다. 블로그도 당연히 그 범주에 들어간다. 이런 것들이 쌓여 「건축 리뷰The Architectural Review」, 「영국 왕립 건축협회 저널RIBA Journal」, 「디세뇨Disegno」, 「트레머즈T-r-e-m-o-r-s」 등에 기고하고 있다.

위부터: 〈가짜 건물 반지Folly Ring〉,
〈아이덴티티 퍼레이드Identity Parade〉,
〈복합 건물Complex〉

"경계를 가로지르는
디자이너는 민첩하고
과감하게 움직여
여러 목표를 성취한다."
_젬 바턴

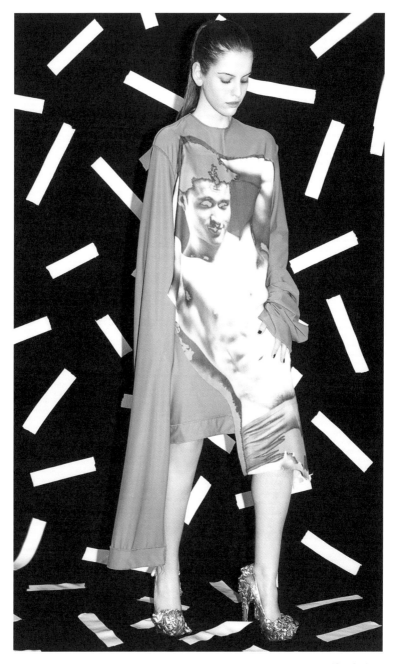

대세를 무시할 것

패션 컨설턴트 겸 디자인 듀오 빈 앤 오미
Vin & Omi

각각 지리학과 인류학을 전공하고 공공 미술, 패션 디자인, 아트 디렉션 분야에서 경험을 쌓은 빈 앤 오미(케빈 윌슨Kevin Wilson과 오미 옹Omi Ong)는 거의 모든 디자인 영역을 넘나들며 기량을 펼치고 있는 개성 넘치는 듀오다. 이들은 다양한 사업 방식을 구체적이고 현실적으로 이해하며, 그러한 견지에서 판단을 내린다. 이들 역시 창의성과 비즈니스 마인드는 서로 모순되는 특질이 아님을 증명한다.

　빈 앤 오미는 각자 또 함께 활동하면서 대형 공공 미술 단체를 운영하고, 라텍스 의류를 디자인하고, 유명 인사들과 함께 일하고, 자체 프로젝트를 진행하고, 굵직한 디자인 사업에 컨설팅을 해 왔다. 그들처럼 여러 영역을 끊임없이 종횡하려면 민첩하고 유연하고 조직적이어야 한다. 무엇보다 열정이 있어야 한다.

"디자이너 또한 업계의 다양한 사업 방식을 구체적이고 현실적으로 이해해야 한다."
_젬 바턴

위: 2014 가을/겨울 컬렉션
75쪽 왼쪽: 〈크롬Chrome〉 컬렉션.
75쪽 오른쪽: 〈좀Moth〉 컬렉션

경험에서 얻은 것

패션 브랜드는 통상 1년에 두 번 컬렉션을 발표하나 우리는 그것을 따르지 않기로 했다. 패션 컨설턴트이자 액세서리·남성복 디자이너인 우리는 보급형 라인을 먼저 출시한 다음에 메인 브랜드를 만들어 운영하고 있는데, 이처럼 다양한 경험을 바탕으로 다양한 수입원과 매력적인 포트폴리오를 만들어 냈다.

빈 앤 오미는 패션 레이블로 출발했지만 곧 기존의 방식들이 우리와는 맞지 않다고 판단했다. 계절에 따라 컬렉션을 선보이는 관행에는 난점이 많다. 이 방식은 자금 유통과 창의성을 방해할 뿐이다. 우리에게는 여러 디자인 영역을 아우르는 편이 어울린다고 생각했다. 그래서 수많은 디자인 플랫폼을 가로지르면서 때로는 뮤직비디오를 연출하고 공공 미술 작업을 하기도 한다. 아티스트로서 유연하고 유동적인 태도를 잃지 않으려고 노력하며, 패션계의 관습적인 양식을 벗어나는 길을 모색 중이다.

우리는 서로의 비전을 믿으며, 장기적인 파트너로서 창작 아이디어를 논의하는 나름의 방식이 있다. 그때그때 유행하는 스타일과 색상으로 소비자를 유혹하는 데는 관심이 없고 패션 제도 바깥에서 움직인다. 패션계는 인맥을 통해 일을 얻는 경우가 대다수라 모두들 인맥을 쌓느라 바쁘다. 그러나 우리는 인맥 놀이를 피하고 하고자 하는 일에 집중하기 위해 스튜디오를 도시 밖으로 옮겼다. 대신에 여러 단체와 협업하고 컨설턴트로도 활동하기 시작했다. 창의적인 사람은 어느 일이든 창의적으로 해낼 수 있다는 것이 우리의 믿음이다. 다양한 범위의 기술을 익힌 덕분에 아티스트이자 마케터며, 디자인과 제작을 총괄한다. 컴퓨터도 다루고 컨설팅도 한다. 때로는 촬영장에 나가 사진을 찍고 분장까지 맡는다.

선배의 조언

독립은 유일한 선택지였다. 하고 싶은 일을, 하고 싶을 때 하려면 그것뿐이었다. 자립은 돈으로 살 수 없는 가치다. 우리는 두 사람이었기에 여기까지 올 수 있었다고 생각한다. 혼자였다면 실패했을 것이다. 그래서 마음 맞는 파트너가 얼마나 중요한지 강조하고 싶다.

사회성이 좋은 사람일수록 클라이언트를 잘 찾아낸다. 다행히 그런 편이다. 내가 만든 옷을 입힐 대상이 확보되었다면, 그때부터는 클라이언트 명단이 길어지는 일만 남은 것이다. 네트워크와 SNS에 총력을 기울이는 이들도 있지만 클라이언트가 그것을 어떻게 생각할지는 고민해야 한다.

마지막으로, 빈 앤 오미는 재정적으로 여유 있게 회사를 꾸리기 위해 가능한 한 다채로운 포트폴리오를 구성하려고 노력한다. 우리가 채택한 비즈니스 모델은 '다양성'을 바탕으로 수익을 내고 있다.

"다른 이들이 어디로 가는지 보고 반대 방향을 택하라. 같은 길을 가는 사람이 너무 많을 때는 대세를 거스르는 것이 전략이 될 수 있다."
_케빈 윌슨

모스크바 국립현대미술관 콘셉트 콜라주

모든 것을 의심할 것

전시 및 프로젝트 기획사 와이 아키텍처 싱크탱크
WAI Architecture Think Tank

커리어는 그 사람을 닮아 간다. 여러 창작 분야에 흥미를 가졌다면 그것을 직업적 발전의 토대로 삼는 것이 어떨까? 크루즈 가르시아Cruz Garcia와 나털리 프랭코스키Nathalie Frankowski는 지금까지 와이 아키텍처 싱크탱크, 가르시아 프랭코스키 아트 프랙티스, 인텔리겐차 갤러리Intelligentsia Gallery를 공동으로 설립했다. 이 듀오의 프로젝트 영역은 건축, 글쓰기, 전시 기획, 갤러리 운영, 디자인, 사회 참여까지 폭넓으며, 특히 중요한 정체성은 '시민'이다. 각 플랫폼은 저마다 다른 방식으로 다른 위험을 감수하고자 하는 욕구에서 출발했다. 가르시아와 프랭코스키는 기회를 발견하면 주저하지 않고 두 사람이 구축해 온 독특한 접근법으로 욕구를 실현한다.

이들이 진행하는 프로젝트는 강한 책임감과 참여 의식을 바탕으로 한다. 사람은 '현 상태'에 도전하여 혁신적인 방법을 개발할 때 위험을 감수하는 일에 익숙해지는데, 일상의 모든 면에서 혁신 욕구를 느끼는 두 사람은 교육, 직업 생활, 학문 활동, 예술과 건축을 생산하고 연구하는 지식계의 역할 등 다양한 상황에서 문제를 발견하고 제기한다.

관건은 적절한 균형을 찾는 것이며, 그들에게도 쉽지 않았다. 그러나 매체가 달라져도 메시지는 달라지지 않도록 자신들의 목표와 열정, 능력을 일관되게 결합하는 데 성공해 왔다. 와이가 전하는 한결같은 메시지는 모든 것을 혁신하고 실험하고 질문하라는 것이다.

경험에서 얻은 것

2008년 브뤼셀에서 처음 만난 이후로 우리는 건축의 상태, 즉 삶의 상태가 우리 예상과는 전혀 다르다는 것을 빠르게 깨달아 가고 있다. 이를 위해 우리가 선택한 방법은 독자적인 플랫폼 개발이다. 와이 아키텍처 싱크탱크는 위험을 감수하고 스스로 생각을 전개할 자유를 확보하기 위한 무대로 고안되었다. 와이는 활발한 지적 호기심과 멈추지 않는 비판을 연료로 이론 연구와 발표, 출판, 건축, 도시 디자인을 진행한다. 우리는 와이라는 스크린 위에 우리의 가치관과 목표, 열망을 투영할 수 있었다. 덕분에 와이는 건축계의 대안적인 회사로 자리 잡았다.

와이 싱크탱크를 설립한 뒤에는 '가르시아 프랭코스키'라는 예술 사업체를 만들었다. 이 플랫폼은 건축과 직접 관련되지 않는 다른 관심사를 추구하고 다른 형식의 근본적인 문제 제기를 위한 채널이다. 같은 맥락에서 2014년 1월에는 베이징에 콘셉트 중심의 큐레이션·전시 공간인 인텔리겐차 갤러리를 열었다. 이곳은 보이지 않는 경제적 힘에 좌우되는 예술계에 도전하기 위한 공간이다. 국제적이고 지적인 성격의 전시회를 통해 세계 전역에서 활동하는 아티스트의 작품을 선보이면서 예술가, 지식인, 대중 모두가 예술과 삶의 관계 및 발상과 창작의 관계를 재사고하기를 요청한다.

모스크바 국립현대미술관 신책로 몽타주

인텔리겐차 갤러리, 가르시아 프랭코스키, 와이 아키텍처 싱크탱크 등 다양한 플랫폼을 통해 우리는 예술, 사회, 건축, 그리고 우리의 물리적·이데올로기적 환경에 관해 보편적인 질문들을 제기하고 탐색한다.

루트비히 비트겐슈타인에 따르면 언어의 한계는 세계의 한계다. 따라서 다양한 수단을 동원하고 여러 영역에 걸친 전문적인 어휘(건축 어휘, 예술 어휘, 지식 어휘)를 구사함으로써 우리의 세계를 확장하고 세계를 비판하려고 노력하고 있다.

선배의 조언

예술가는 자신의 믿음을 위해 일해야 한다. 자신의 관심사를 따라야 하고, 자기 안의 질문에 대답해야 하며, 그 질문을 해결하는 도구를 직접 만들어야 한다. 이렇게 하면 작품의 이미지와 예술가의 이미지에 자신이 믿는 가치들이 깃들 수밖에 없다. 단순한 도덕주의가 아니다. 예술을 통해 자유를 추구하고 건축을 통해 우리의 삶을 더 좋게 만들기 위한 원칙이다. 우리가 생각하는 예술가로서의 성공은 자신의 가치관을 반영하는 작품을 생산할 줄 아는 것이다. 가치를 포기하지 않고서는 성공할 수 없는 사람, 불공평한 권력 구조가 요구하는 바를 맹목적으로 따르는 사람에게서는 훌륭함을 기대할 수 없다. 우리는 자신의 가치를 훼손하는 법 없이 자신의 포부를 실현하는 성공만을 인정한다.

⟨퓨어 하드코어 아이콘: 구형 도시와 피라미드형 도시
Pure Hardcore Icons: Sphere City and Pyramid City⟩

"모든 것을 혁신하고, 실험하고, 그리고 문제 삼을 것."
_와이 아키텍처 싱크탱크

T자형 디자이너가 되어라

디자인 회사 제이슨 브루게스Jason Bruges 스튜디오의
제이슨 브루게스가 말하는 전문화·다양화

문제는 지식의 깊이다. 스페셜리스트는 한 분야에 깊은 지식을 가진 사람이다. 제이슨 브루게스 스튜디오에는 수많은 스페셜리스트가 있다. 그러나 한 영역의 깊은 지식은 다른 영역의 폭넓은 기술과 접목되기 마련이다. 가령 우리 회사의 어떤 팀은 인터랙션interaction 디자인과 건축을 접목하고, 무대 디자인과 건축을 접목하고, 조경 디자인과 건축을 접목한 혼성적인 작품을 내놓는다.

전문화 전략이 협소한 시장을 노리는 것으로 보일 수도 있다. 그러나 특화된 기술들을 영상, 브랜딩, 이벤트, 매장, 주택, 관광 등 여러 영역에 적용시킨다는 점에서 우리의 시장은 조금도 협소하지 않다. 디자인계에는 스페셜리스트와 제너럴리스트, 양쪽의 디자이너가 모두 필요하다. 우리는 그 사이에서 경쟁하고 성장한다. 전문화의 가장 큰 장점은 새로운 영역을 직접 개척할 수 있다는 것이다. 디지털 환경과 건축의 융합은 20년 전만 해도 존재하지 않았다. 나의 디지털 디자인에 대한 관심은 그것을 교육받는 과정에서 싹텄지만, 어린 시절의 경험도 무시할 수 없는 요소다. 나의 경우 아버지가 컴퓨터 시스템 설계사였기 때문에 어렸을 때부터 테크놀로지와 예술의 혼성을 목격할 수 있었다. 어린 시절 나는 자주 사람이 움직이는 범위를 추적하는 설치물을 만들곤 했다. 여덟 살 무렵에는 용수철과 포일, 철사로 발자국이 남는 계단을 만들었던 기억이 있다.

옥스퍼드 브룩스 대학교에서 건축을 공부하던 시절에 첨단 기술과 건축 정보화 기술에 관심이 생겼다. 나는 환경 디자인, 환경 심리학, 내·외장 디자인, 공간 건축 분야의 경계를 넓히던 이들에게서 장학금을 받았는데 졸업 전시회에서는 공연 공간을 설치하고 빛과 재료로 만든 음악 작품을 상연했다. 바틀릿 건축 학교에서는 스티븐 게이지Stephen Gage와 피트 실버Pete Silver가 담당한 '인터랙티브 건축 연구' 과정에 참여하여 실험적·상호적·반응적·수행적인 디지털 건축의 원리와 설계, 제작, 실험 등을 배웠다. 이것을 발판으로 디지털 기반의 혼합 매체적인 건축 설치 연작을 내놓았고, 그것이 현재 제이슨 브루게스 스튜디오에서 하고 있는 일의 초석이 되었다.

하나만 할 줄 아는 스페셜리스트도 있다. 그러나 많은 전문가들이 알파벳 'T'처럼 생겼다고 생각한다. 자기 분야는 깊게, 다른 분야는 넓게 안다. 영역 특화는 다양한 기술을 기본으로 다진 다음에, 그 위에 다른 기술들을 첨가하는 방식으로 이루어져야 한다. 그렇게 해서 전혀 다른 규칙으로 이루어진 전혀 다른 직종을 만들어 낼 수가 있다. 벅차고 또 짜릿한 일이다.

전문화 전략 자체가 목적이 되어서는 안 된다. 자신의 본능과 취향이 이끄는 대로 사고를 전개하고 그 과정에서 전문화하는 것이 옳다. 또한 건축과 디자인 분야에서는 팀을 이루어 일하는 경우가 굉장히 많은데, 이를 통해 여러 분야를 섭렵하는 것도 효과적이다. 대학 교육 과정도 마찬가지다. 특정 수업을 통해서든, 그룹 활동이나 전공 심화를 통해서든 자연스럽게 영역을 특화할 기회가 많다.

영역 확장을 두려워하지 마라. 경험 없는 디자이너도 흥미로운 통찰을 가지고 얼마든지 업계에 진입할 수 있다. 그리고 새로운 방식으로 해당 분야에서 두각을 나타낼 수 있다. 우리는 관광, 전시, 조명 및 특설물, 무대 등 여러 디자인 영역의 여러 경쟁 프로젝트에 참가해 왔다. 건축과 디자인 분야 공학자라 이러한 분야가 전문이 아니지만, 호기심과 열정, 그리고 우리 스튜디오의 디자인 철학을 바탕으로 세계를 혁신적이고 독창적으로 바라본다. 그것이 우리의 큰 장점이다.

곧바로 잡지에 실릴 수 있을 만한 작품 사진을 준비하라

금속공예 디자이너 서정화

작은 스툴을 중심으로 다양한 가구와 문구 등을 만드는 서정화는 지금 대한민국의 가장 '핫'한 작가 중 한 명이다. 동대문디자인플라자, 하남 스타필드 등에 그의 작품이 놓여 있고 Kcdf 갤러리, 서울역 284, 신세계 면세점, 국립현대미술관 서울관, 아라리오 뮤지엄(서울, 제주), 강남 덴스크dansk에서 그의 작품을 판매하고 있다. 런던 쇼디치 거리에서도 만날 수 있다. 대표작인 스툴은 첫눈에 시선을 사로잡는다. 안정감이 느껴지는 원통형 몸체에 원형 상판으로 마무리한 간결한 디자인. 허리 받침대도 바퀴와 팔걸이도 없지만 자체로 완벽한 형태를 자랑한다. 매력 포인트는 몸통과 상판 소재다. 장미목, 현무암, 알루미늄, 왕골, 월넛 등 금속과 목재, 석재 제품을 다양한 방식으로 조합하며 새로운 '합의 묘'를 보여 준다. 금빛 황동에 현무암을 올린 작품은 무척 세련된 느낌이고, 알루미늄에 장미목을 매칭한 제품은 일견 차가우면서도 모던하다. 군더더기 없는 디자인 덕에 소재와 촉감이 더욱 도드라지는데, 이 점이 서정화의 특징이다.

서정화 디자이너가 가장 좋아하는 황동과 현무암의 조합

금속조형디자인학과를 졸업하고 디자인 강국 네덜란 드에서 석사 과정을 밟았다. 특별히 배운 것이 있다면?

네덜란드는 대학 졸업생의 약 90%가 취업이 아니라 창업을 한다. 독립 스튜디오를 오픈하는 것이 일상화되어 있어 나도 자연스럽게 창업을 선택했다. 그곳에서 배운 것은 '주제 의식'이 확실해야 한다는 것. 단순히 "디자인이 아름답거나 기능적인 제품을 만들고 싶었다"라고 말해서는 인정받지 못한다. 어떤 생각에서 그러한 디자인이 나왔는지 명확하게 설명할 수 있어야 한다. 선택한 소재와 형태 역시 주제 의식과 밀접하게 연결되어야 한다. 그러다 보면 핵심과 상관없는 것들은 자연스럽게 덜어 낼 수 있다.

"잡지 에디터나
갤러리 관계자에게
임팩트를 주려면
작품 사진을 더 근사하고,
더 아름답게 찍어야 한다.
이미지가 좋으면
반드시 연락이 온다."
_서정화

많은 이들이 디자인에 좀 더 신경 쓰는데 소재 선택과 구성에 가중치를 둔 것이 인상적이다.

스툴을 디자인하겠다고 마음먹었을 때부터 목표가 있었다. 정말 좋은 스툴을 만들고, 디자인도 잘하고 싶었다. 진지하게 고민하다 보니 '우선 다양한 소재를 알아 가며 기본기를 닦아야 하지 않을까?'에 생각이 미쳤다. 디자인 요소로는 소재와 색감, 형태 등이 있을 텐데 나는 소재부터 마스터하고 싶었다. 물론 실패할 때도 있겠지만 경험 자체가 '공부'라고 생각했다. 네덜란드에서 한국에 왔을 때 석재상이나 목재상, 금속 가공 장인을 어디서 찾아야 할지 난감했던 기억도 영향을 끼쳤다. 대학 동기 두 명이 몇 분을 소개시켜 주었고, 연락처도 공유해 주어 차츰 각 분야의 고수들을 만날 수 있었다. 하지만 소재가 나의 시그너처가 될 줄은 전혀 예상하지 못했다.

세계적인 디자인 매체에 여러 번 작품이 실렸다. 특별한 비결이라도?

네덜란드의 유명 인테리어 매거진인 「프레임Frame」

에 작품 사진을 찍어 보냈는데 생각보다 빨리 연락이
왔다. 이후 영국 디자인 매거진 「월페이퍼Wallpaper」,
「디진Dezeen」, 「디자인붐Designboom」에도 포트폴리오
를 보냈고, 역시 게재되는 행운을 얻었다. 영향력 있는
매체에 작품이 실리면 이것을 보고 다른 곳에서 연락
해 오는 경우가 많았다. 물론 작품이 좋아야겠지만 그
것만큼 중요한 것이 제품 사진이라고 생각한다. 이미
지 하나로 게임이 끝난다고 할까? 작품의 미학을 글로
설명하는 것이 쉽지도 않고, 사진 한 장의 힘이 그만큼
강하기도 하다. 나는 포트폴리오를 구성하며 사진 촬
영에 공을 많이 들였다. 대학 동창이자 함께 스튜디오
를 꾸렸던 친구와 촬영했다. 친구지만 비용도 온전히,
제대로 지급했다.

황동에 목재를 덧댄 작품

강화도 화문석 장인과의 협업은 어땠는가?
　'장인匠人'이라고 하면 보통 굉장히 까다롭고 고집
도 셀 것이라 생각하지만 그렇지 않다. 오히려 젊은 사

장미목, 알루미늄, 왕골 등 다양한 소재를 자유롭게 '매칭'한 작품들

하남 스타필드에 있는 작품 컬렉션

명함이나 펜을 올려 두기 좋은
현무암을 이용한 문구 시리즈

람들과 아이디어를 나누며 함께 일하고 싶어 하는 분들이 많다. 스툴 상판을 왕골로 해 보면 어떨까 싶어 포털 사이트에 '왕골 공예', '화문석' 등을 키워드로 넣고 검색했더니 화문석박물관이 나왔다. 만나 봐야겠다 싶어 하는 일을 설명하고 찾아갔더니 화문석 장인을 소개해 주었다. 제주도의 현무암 석재 장인, 청계천과 을지로의 목재, 금속 성형 장인들도 비슷한 과정을 거쳐 섭외했다. 그분들을 만날 때 늘 조심하고, 또 중요하게 생각하는 것은 태도다. 한 분야에서 오랫동안 기술과 미감을 쌓은 분들이기에 그 부분을 진심으로 인정해야 한다. 아첨을 하라는 말이 아니라 어떤 디자인을 생각하는지 정중하고 상세하게 설명해야 한다는 뜻이다. 나의 경우 미리 스케치를 마쳤고, 기존 작업물들도 보여 드리면서 의견을 나누었다. 대개 젊은 사람이 열심히 하니 기특하다며 도와주신다.

작업을 하면서 스스로 행복을 느끼는 것도 중요한 부분이다. 무엇에서 행복을 느끼는지?

내 일은 결국 짝 맞추기다. 'A'라는 소재에, 'B'를 매칭하는 일. 결과가 좋으면 배필을 찾아 준 것처럼 기분 좋다. 예전부터 이런 놀이를 좋아했다. 꽃병 하나도 여기저기 장소를 바꾸며 놓아 보고 어디에 둘지 정했다. 황동 몸체에 현무암 상판을 얹은 디자인을 특히 좋아하는데, 이 아이디어도 우연히 얻었다. 어느 날 집 안을 둘러보니 놋그릇에 현무암이 담겨 있었다. 색깔이며 기운이 너무 예뻐 한눈에 반했다. 그리고 이리저리 장소를 옮겨 가며 사진을 찍었는데, 결과물도 썩 훌륭했다. 일부러 찾기보다는 이런 식으로 그때그때 생각나는 소재를 연결하는 것을 선호한다.

'소재 공부'에서 시작한 작업이 서정화의 아이덴티티가 되었다. 후배 디자이너들에게 알려 주고 싶은 특정 소재의 속성이나 특징이 있다면?

이런저런 작업을 통해 배운 것이 많다. 몸통과 상판을 결합한 작업이 많았는데 초창기에는 두 개의 소재가 깔끔하게 맞아떨어진 적이 거의 없었다. 수치를 정확하게 계산해 만들지만 주물을 뜨고 나면 수축 작용이 일어나면서 의도했던 것보다 크기가 작아지곤 했다. 나무 역시 수분이 빠져나가면서 몸체가 줄어드는 일이 잦았다. 이 과정에서 스트레스를 많이 받았다. 결국 주물 몸통을 현장으로 들고 가 그 위에 상판을 얹고 조금씩 다듬고 깎아 가면서 크기를 맞추는 것으로 공정을 바꾸었다. 현무암의 특징도 공유하고 싶다. 현무암을 이용해 연필 받침대, 명함 거치대 같은 몇몇 문구 제품을 만들었다. 하지만 돌 표면에 구멍이 숭숭 뚫려 있다 보니 조금만 힘을 가해도 부스러지는 경우가 잦았다. 이 문제는 모서리 부분을 둥글게 마감하는 것으로 해결했다.

서정화의
Advice

• 최적의 시간에 최고의 장소에서 작품 사진을 찍어라. 사진 비용만큼은 아끼지 마라. 나는 자재 구매와 사진 촬영에 많은 비용을 투자한다.

• 각 분야의 장인과 협업하라. 혼자 작업할 때는 생각하지 못한 전혀 다른 결과물을 만날 확률이 높다. 다만 깍듯이 예의를 갖추어라.

• 정확한 수치와 과학적 사고만으로 문제가 해결되지 않을 때에는 현장 작업자에게 조언을 구하라.

인생을 바꾸는 결정

취직하지 않고 <u>독립하기로 했다</u>

누구나 자신의 존재와 활동에 회의를 느끼는 순간이 있다. 그간 얼마나 발전했는지, 혹시 작업 방식에 문제가 있지는 않았는지, 내세운 근거가 유효한지에 의구심이 생긴다. 이 책에 등장하는 모든 디자이너와 학자, 학생들은 이와 같은 위기의 순간에서 결정적인 한 방을 통하여 말 그대로 삶을 바꾸는 데 성공했다. 긍정적으로 생각하자. 까다로운 상황은 많은 경우에 미래를 위한 촉매제이자 발판이 된다. 선택의 기로에 섰을 때 우리는 비로소 나의 목표와 가치를 정확히 아는 것이 얼마나 중요한지 깨닫는다. 초점을 다시 정하는 일은 역할에 관계없이 성장하고 전진하는 데 반드시 필요하다.

이번에 소개할 청춘들은 커리어를 쌓는 초반에 대담한 결정으로 삶을 뒤바꾸었다. 여의치 않은 상황에서도 자신이 가진 선택지들을 가늠하고 장차 만족스러운 커리어를 꾸려 나가는 데 필요한 구체적인 항목들을 고려한다면, '변화'는 성공의 가장 중요한 전략이 될 수 있다.

직감을 믿을 것

아트 디렉터 겸 디자이너 조스 가리도
Jose Garrido

본능을 따르는 대담함, 나이 불문하고 디자이너에게 중요한 자질이다. 조스 가리도는 디자인 스쿨 시절부터 클라이언트를 만날 수 있는 공모전을 커리어를 쌓는 기회로 생각했고, 수업 시간에도 그것을 준비할 수 있도록 학교를 설득했다. 공모전에 작품을 제출하는 것은 작업의 가시성을 높인다. 심사위원에 업계 유수의 전문가들이 포진해 있거나, 클라이언트들이 직접 작품을 검토하는 경우도 있기 때문이다.

공모전에 당선되면 여러 매체에서 다루어지기에 매일 수천 명에게 노출된다. 따라서 그 사람이 업계에 갖는 열정과 책임감, 집중력을 보여 줄 뿐만이 아니라 직접 일을 찾고, 조건을 만족시키고, 마감을 지키는 능력까지 증명한다. 취업 면접에서도 마찬가지다. 과제용 프로젝트보다는 잘 알려진 브랜드를 거론한다면 합격의 문도 넓어질 것이다.

조스는 학교를 그만두었다. 엄청난 결정이다. 그는 자신이 가진 모든 가능성을 철저하게 고려하고 가족과 충분히 이야기 나눈 다음 위험을 감수하기로 했다. 당시 그는 벌써 디자이너로서 호평을 받고 있었고, 졸업 후에야 가능할 것 같았던 일들을 의뢰받고 있었다. 한발 먼저 나아가는 것이 옳았다. 그렇다고 위험이 전혀 없는 것은 아니었다. 어떠한 결정에나 위험 요소는 존재하고 확률은 매번 다르기에 필요한 만큼 충분히 생각하고 마음의 소리를 따르되, 비상 출구를 확보해야 한다.

BOK COURT VICTORY PUMP II

te: 1987 White/Purple/Blood orange

EEBOK - CANTON, MASSACHUSETTS, USA

〈스니커 쿨처Sneaker Coolture〉

경험에서 얻은 것

모든 것은 2012년, 아반스AVANTH라는 서체 작업으로 비핸스Behance•의 학생 대상 디자인 공모에서 가작을 받고서부터 시작되었다. 1천200명이 넘는 참가자 중 겨우 여섯 명이 뽑혔는데, 거기에 들었던 것이다. 이후 수많은 웹 사이트에 내 작품이 게재되었고, 플로리다의 한 디자인 회사에서 자리를 제안했다.

학생들에게 동기를 부여하려면 가상이나 연습이 아니라 진짜 프로젝트를 제공해야 한다는 것이 내 지론이다. 과제물에 브랜드 'X' 대신 진짜 브랜드 이름이 들어간다는 하나로도 우리는 훨씬 열심히 한다. 하물며 진짜 클라이언트를 떠올릴 수 있다면 어떻겠는가. 내 작품을 수업 시간만이 아니라 실제 생활에서 보는 것이야말로 디자인과 학생들의 가장 큰 열망이 아닐까?

대학 2학년 때 나는 미국의 한 브랜드가 주최하는 제품 패키징 대회를 발견했다. 그리고 곧장 교수님 한 분에게 이 대회를 나의 수업 과제로 삼게 해 달라고 설득했다. 최선을 다해 작업했고, 공모전의 최종 후보로 선정되었다. 이후에 여러 출판사에서 내 작품을 디자인 도서에 수록하고 싶다며 요청해 왔다. 수업 과제로 진행한 프로젝트도 이렇게 널리 알려질 수 있다!

"누군가 내 작품을
좋아할 것이라
혼자서 상상하는 것보다
진짜 내 작품을 원하는
클라이언트가 앞에 있을 때,
나를 비롯한 모든 디자이너는
가슴 속 깊은 곳부터 샘솟는
뜨거운 열정을 느낄 것이다."
_조스 가리도

• 어도비에서 운영하는 온라인 전시 플랫폼

무슨 일이 벌어졌나

뉴욕에 있는 한 디자인 스튜디오에서 그래픽 디자이너를 구한다는 공고를 보고 이메일을 보냈다. 그들은 나의 작업을 마음에 들어 했고, 그들의 브랜딩 프로젝트에 나를 끼워 주었다.

첫 번째 거물 클라이언트는 게토레이로, 여기서 나는 타이포그래피 작업을 진행했다. 당시 레터링과 타이포그래피를 중심으로 하는 작업을 집중적으로 탐색 중이었고, 그 방향에서 클라이언트들을 끌어오고 있었다. 최근 진행한 레터링 아트워크 연작은 비핸스에 게재되었고, 이후 수많은 전시 웹 사이트를 통해 퍼져 나갔다. 아마도 그것을 봤는지 나이키에서 연락이 와 최근 나이키의 티셔츠 두 종을 디자인했다.

나이키 공모전 최종 후보에 오른 조스의 디자인과 콘셉트 이미지

이오스 커피EOS Coffee 패키징

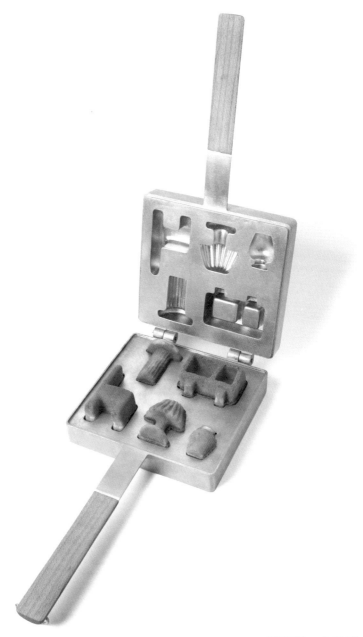

〈가구의 맛Sapore Dei Mobili〉

취직하지 않고 <u>독립하기로 했다</u>

가장 어려운 일에 뛰어들 것

제품 디자이너 루이 페레이라
Rui Pereira

때때로 우리는 목표를 성취할 기회를 손에 넣기 위해 무언가를 희생해야 한다. 디자이너 루이 페레이라는 자신의 꿈을 좇고, 지식과 식견을 넓히고, 다양한 문화와 사회를 체험하고자 여러 번 삶의 터전을 옮겼다. 그리고 이를 통해 흥미롭고 유의미한 제품을 설계할 수 있었다.

여러 나라를 돌아다니는 삶이 모두에게 가능하지는 않겠지만, 루이에게는 여러 사회와 접촉하는 것이 디자이너로서의 성장에 매우 중요한 자양분이 되었다. 그것은 선택이 아니라 운명이었다. 이처럼 우리는 열정을 느낄 대상을 발견할 때, 때로는 불가능해 보이는 일에 도전해야 한다.

물론 힘겹게 내린 결정에서 이익을 얻을 수도 있지만 상처를 입을 수도 있다. 자기 안의 본능을 적극적으로 따를 때도 있고, 삶이 이끄는 대로 흘러갈 때도 있다. 어느 쪽을 선택하든 가장 큰 위험을 무릅쓸 때 가장 큰 보상을 얻는다.

"디자이너는 다양한 현실과 작업 방식을 경험한 뒤에야 소비자의 마음을 사로잡는 제품을 디자인할 수 있다."
_루이 페레이라

경험에서 얻은 것

나는 언제나 나만의 스튜디오를 만들고, 그 안에서 내 작업에 온전히 집중하고 싶었다. 그러나 내가 살던 포르투갈의 디자인 업계는 젊은 디자이너의 가치를 인정하지 않았다. 무려 3년 동안이나 작업 의뢰를 받으려고 고군분투했다. 그리고 마침내 밀라노로 삶의 터전을 옮기기로 결심했다. 그곳에서 제품 디자인과 인테리어 디자인으로 석사 학위를 받은 다음에 한 인테리어 디자인 스튜디오에서 3개월 동안 인턴으로 일했다. 이후 그것은 1년 반으로 늘었다.

밀라노에서 최대한 많은 것을 배우고자 했고, 풀타임으로 열심히 일하면서도 개인 작업을 진행하기 시작했다. 나의 가능성을 제대로 보여 줄 수 있는 포트폴리오가 있으면 보다 쉽게 더 좋은 일자리를 구할 수 있기 때문이다.

대학을 졸업했을 당시 내가 다룰 수 있는 작업 수단은 몇 가지가 전부였고, 디자인 업계에 대해 아는 바도 전혀 없었다. 그것은 지금도 그렇지만 그때는 디자인 회사에 들어가 일하는 것이 업계의 내부 사정을 이해하는 데에서나 클라이언트와 제작업체를 대하는 법, 스튜디오를 잘 꾸려 나가는 법 등을 이해하는 데에서나 무척 효과적인 방법이었다.

디자이너로서의 나의 목표는 분명한 언어와 약간의 유머로 사용자와 물건 사이에 긴밀한 관계를 구축하는 것이다. 연구 단계에서는 새로운 관점과 경험을 찾고, 새로운 분류 체계를 만드는 데 초점을 맞춘다. 밀라노 시절에는 그곳의 일류 제조업체와 함께 일하면서 다양한 제작 기술과 환경을 접했다. 그러다 마침내 회사 안에서 중요한 직책을 맡게 되었고, 내가 도달하고자 했던 수준에 도달했을 때 디자인 산업의 다른 측면을 알아야겠다는 생각이 들었다. 그때까지는 주로 디자인 과정에 관여했지만 제작에 필요한 기술적 지식을 쌓고 싶었다. 이러한 생각이 조금씩 구체화되면서 늘 매력을 느꼈던 북유럽으로 눈을 돌렸다. 결국 덴마크의 한 가구 회사로 다시 한 번 터전을 옮겼다. 변화무쌍한 과정을 겪는 중이지만 후회 없는 결정이라고 생각한다. 디자이너는 다양한 현실과 작업 방식을 경험한 뒤에야 소비자와 유의미한 관계를 맺을 수 있는 진실한 제품을 설계할 수 있다.

그동안 나와 같은 디자인 철학을 가진 동료를 많이 만났고, 그들과 손잡고 일해 왔다. 타인과 아이디어를 공유할 때 더 좋은 결과가 나온다. 다양한 문화 배경은 언제나 우리의 시야에 새로운 관점을 제공한다. 나에게는 당연한 것들이 남에겐 놀라운 것일 때가 얼마나 많은지! 바로 그 지점에서 새로운 프로젝트가 시작될 수도 있다.

> "어떤 일에 열정을 느낀다면 때로는 불가능해 보이는 길에 뛰어들어야 한다."
> _젬 바턴

선배의 조언

신진 디자이너에게 전하고 싶은 조언은 세 가지다. 언제나 주변을 예민하게 의식할 것, 스튜디오를 차리기에 앞서 회사에 들어가 일해 볼 것, 마지막으로 언제나 인내심을 유지할 것. 창조적인 분야에서는 자기가 하는 일을 즐기고 그것을 위해 노력하는 것이 정말 중요하다. 디자이너는 자기만의 길을 찾으려고 고군분투해야 하며, 아이덴티티를 쌓고 자기만의 자리를 만들어 내야 한다.

Advice
최상의 시나리오를 상상하라

디자인 회사 뷰로 스펙태큘러Bureau Spectacular의
히메네스 라이Jimenez Lai가 말하는 인생을 바꾸는 결정

내가 즐겨 하는 사고 연습 중의 하나는 다중 미래를 그려 보는 것이다. 이 연습은 과거의 일들을 떠올리고, 그것으로부터 파생될 수 있는 다섯 개, 여섯 개, 혹은 일곱 개의 미래를 구축하는 것이다. 과연 나는 과거의 어떠한 결정으로부터 말미암아 지금 이 순간에 다다랐을까? 특히 삶이 평소보다 고통스럽거나 반대로 즐거울 때 그런 생각을 하게 된다.

길 위의 모든 분기는 각자 하나의 길이 된다. 그중에는 행복한 길도 있고 후회막급한 길도 있다. 그러나 어쨌든 다른 어딘가에 다른 삶들이 이어지고 있다고 생각하면 조금은 마음이 편해진다. 우리가 어떤 길을 선택했든 간에 다른 모든 길에는 다른 미래들이 펼쳐지고 있으리라. 다른 현실은 분명히 존재한다. 다만 우리가 그것을 살고 있지 않을 뿐이다. 저 어딘가에 내가 바라던 모든 꿈과 희망이 이루어진 세계가 있다면, 아무것도 후회하지 않아도 될 것이다. 마찬가지로 우리는 복수의 경로를 미리 구축할 수 있다. 내년에 전시회를 열 수 있을까? 내가 존경하는 사람들과 친구나 동료가 될 수 있을까? 좋아하는 도시에 가서 부러워하던 방식으로 일할 수 있을까? 나의 답은 이렇다. "그럼, 얼마든지." 미래는 모든 것이 가능한 시간이기 때문이다. 우리가 마음껏 최상의 시나리오를 상상할 수 있다면, 미래는 현실만큼이나 현실적인 힘을 가지게 된다.

2004년에 나는 애리조나 주 탈리에신Taliesin에 있는 사막 휴게소에서 살았다. 2005년에는 아틀리에 판 리슈트Atelier Van Lieshout의 입주 작가로 로테르담의 부두에 있는 선적 컨테이너에서 살았다. 그 시기를 통해 물적 재화와 다른 관계를 맺게 되었는데, 사회 규범은 이런저런 많은 것들이 '필요'하다고 말하지만 사실 나에겐 그런 것들이 필요 없었다.

이후 삶을 세부적으로 설계하는 데 몰두했다. 개인적인 소유물은 극도로 낮은 비율로 한정하고, 내가 가진 시간의 대부분을 생산에 쏟았다. 그 결과 2012년 프린스턴 건축 출판사에서 첫 책『소속 없는 시민들Citizens of No Place』을 출간할 수 있었고, 2014년에는 베니스 건축 비엔날레에서 대만관 설계와 큐레이션을 맡았다. 또 뉴욕 현대미술관에 〈흰 코끼리White Elephant〉라는 제목의 설치 작품과 이 프로젝트를 위한 드로잉 일곱 점이 영구 소장되는 영광도 누렸다. 현재는 캘리포니아 대학교 로스앤젤레스 캠퍼스의 건축학과 교수로도 재임 중이다.

내가 행한 초기 프로젝트들 중 다수는 다른 누군가가 아니라 나 자신에게 의뢰한 것이었다. 처음에는 아무도 나에게 작품을 의뢰하지 않았기 때문이다. 나는 '돈이 되는 일만 한다'가 아니라 '내가 만들어 놓으면 누군가 찾아온다'라는 비즈니스 모델을 채택했다. 시간과 노력을 간섭받지 않고 자유롭게 분배하면서 내가 무엇을 좋아하고 그것을 왜 좋아하는지를 분명하게 주장하는 데 몰두했다. 처음에는 대학교에서 강사 일도 했고, 지원금을 따내서 생계와 작업을 유지하기도 했다.

나의 조언은 다음과 같다. 미래의 나를 설명하는 '가짜' 이력서를 몇 가지 다른 버전으로 작성해 보라. 구석구석 자세하게 다듬되, 야심을 거침없이 발산하고 여러 가지 미래를 상상해 보라. 장담하건대 그렇게 만든 이력서를 출력해서 복수의 미래를 손에 쥐어 보면 앞으로 내가 무엇을 하고자 하는지, 또 무엇을 하고 싶지 않은지 명백하게 알 수 있을 것이다.

무조건, 저돌적으로 노크하라

가구 디자이너 서민범

'셀프 PR'의 핵심은 자기다움이 아닐까? 숱한 자기계발 도서에서 봤음 직한 막연히 좋은 말, 교수님이나 성공한 선후배 작가들의 의견을 옮긴 말에는 이것이 없다. 이야기를 길게, 또 재미있게 풀어 나가지도 못한다. 당연하다. 온전한 나의 생각이 아니니까. 서민범과의 만남이 흥미로웠던 이유는 그가 자신의 경험과 생각'만' 말했기 때문이다. 장난기 가득한 눈빛의 젊은 창작자는 '좀 더 섹시한 디자인'을 하고 싶다고, 대놓고 이야기했다. 남녀가 사랑을 나누는 체위에서 영감을 받은 테이블을 소개할 때는 흠칫 '이렇게까지 자세하게…'라는 생각이 들었지만 그는 진지했다. 뉴질랜드와 프랑스에서의 유학 생활 때문인지 말을 가리거나 생략하는 경우는 없었다. 아마도 그것이 갤러리 관계자와 가구 컬렉터는 물론 소비자에게까지 '신선한' 기운을 주지 않나 싶다.

책상과 의자, 책꽂이까지 하나로 연결된 〈포가튼 네이처〉

"매일 저녁마다 선망하는
선배들의 페이스북과
인스타그램 계정, 이메일로
15-20개씩 문자나 메일을
보내곤 했다. 답이 오는
경우는 적었지만
분명 성과가 있었다."
_서민범

파리에서 인테리어와 가구 디자인을, 건축 특수 대학교에서 건축을 공부했다. 이후 한국으로 돌아와 군 복무를 하고 곧바로 사무실을 차렸는데, 힘들진 않았는지?

왜 아니겠는가. 결국은 사람이 힘이었다. 파리에 있을 때 건축가 도미니크 페로Dominique Perrault 사무실에서 잠시 인턴으로 일한 적이 있다. 한 번은 한 중년 남성이 방문했는데 페로와 무척 친한 강석원 교수님이었다. 한국어를 잘 못할 때라 프랑스어로 "교수님, 혹시 제 졸업 작품 심사를 맡아 주실 수 있나요?" 여쭈었다. "너는 누구냐?" 하시면서도 도움을 주셨고, 그때의 인연을 지금도 소중히 이어 가고 있다. 한국에 들어와서 "사업을 해 보려 합니다" 했더니 요즘 누가 자기 돈으로 사업하냐 하시면서 중소기업청과 몇몇 대학이 산학 협력 프로그램으로 진행하는 창업 지원 프로그램을 알아보라고 조언해 주셨다. 아이디어에 따라 1-5천만 원까지 지원해 주는 시스템으로, 10개월 동안 도움을 받을 수 있었다. 나는 호서대학교를 통해 서류를 넣었고, PPT와 2박 3일간의 워크숍을 통해 사업 계획도 발표했다. 내 아이디어는 '예술 작품 같은 가구'를 만드는 것이었다. 이 일이 잘 풀려 4천500만 원이라는 큰돈을 지원받았다. '아트 퍼니처' 분야는 처음이라 참신하다는 평을 받아 지원이 결정되었다고 한다. 지원받는 동안 주기적으로 작품 도면을 보내고, 진행 상황도 공유해야 하지만 자신의 생각을 보다 구체화시킬 수 있다는 사실만으로 충분히 도전할 만한 가치가 있다고 본다.

'아트 퍼니처'가 조금씩 알려지고 있다지만 대중화되지는 않았다. 주로 어떤 가구를 선보이는지 구체적으로 설명해 달라.

내가 관심 있는 디자인은 여러 개의 유닛이 유기적으로 연결되어 있으면서도 용도에 따라 크기가 커지는 제품이다. 대표적인 것이 〈데저트 아일랜드Desert Island〉! 가로 6m, 세로 5m, 높이 80cm의 커다란 사무용 테이블 겸 의자로, 움푹 들어가거나 튀어나온 부분이 물결처럼 이어지면서 테이블과 의자로 사용할 수 있다. 자작나무를 쌓아 올려 제작한 작품인데 목수 네 명, 사포질하는 스태프 세명, 여기에 청소 담당 세 명까지 무려 열 명이 꼬박 열흘간 만들었다. 사무용 가구, 놀이터, 휴게 공간도 되는 올 인 원all in one은 내가 가장 좋아하는 디자인이다. 1인 사무 가구인 〈포가튼 네이처Forgotten Nature〉는 첫 작품 〈원스Once〉를 재해석한 작품으로 의자와 책꽂이, 테이블이 하나의 덩어리로 연결되어 있다. 커다란 직사각형 몸체의 옆면을 과감히 트고, 그 안에 테이블과 책꽂이를 넣었다. 반면에 공간 그룹 이상림 대표 겸 건축가와 디자인한 2인용 의자 〈터니처Turniture〉는 평소에는 1인용 의자와 테이블로 사용하다가 연인이 오면 테이블을 뒤집어 의자처럼 사용할 수 있도록 제작했다.

<u>유명 건축가들과도 많이 작업했다. 무명의 작가가 유명 건축가들을 섭외하는 것이 쉽지 않았을 텐데 특별한 비결이라도 있나?</u>

오래전부터 유명한 분들과 작업해 보고 싶다는 로망이 있었다. 멋지고 배울 점도 많을 테니까. 섭외 과정은 단순하다. 페이스북이나 인스타그램 등의 개인 계정이 있는지 살피고, 있다면 '좋아요'도 누르고 댓글도

〈데저트 아일랜드〉

섹시한 디자인을 선보이고 싶다는
서민범 디자이너의 대표작 〈데리에르〉

남기면서 열심히 흔적을 남겼다. 그리고 내 소개를 한
후 함께 작업하고 싶다는 다이렉트 메시지를 썼다. 개
중에는 대기업 회장도 있었다. 큰 기대를 하지는 않았
지만 일단 과감해야 한다고 생각했다. 매일 저녁 15개
에서 20개씩 문자나 이메일을 보내곤 했다. 열띤 회신
을 고대하지도 않았고 실제로도 답이 오는 확률은 적
었다. 그러나 분명 성과가 있었다. 건축가 김인철 선생
님은 "해 봅시다" 하고 바로 회신이 와 미팅하고 작품
까지 만들었다. 그렇게 MDF 목재로 커다란 사각 프
레임을 만든 후 앉는 부분을 다양한 방향에서 파 넣어
최대 열 명까지 앉을 수 있는 의자를 만들었다. 무게가
300kg이라 옮기는 게 어렵다는 것만 빼면 다 마음에
든다. 팝 아티스트 낸시 랭에게도 회신이 왔다. 개런티
등 몇몇 세부 사항을 논의한 후에 "이제 막 시작하는
입장이라 돈이 많지 않습니다. 제가 뜨거든 다시 연락
드리겠습니다" 하고 메시지를 드렸더니 "네, 좋아요!"
하며 용기를 불어넣어 주었다. 이외에도 양진석 건축
가와 디자인 작업을 진행했다.

신진 디자이너가 경계할 것 중 하나가 '조급함'이다.
생각처럼 속도가 나지 않아 초초해하고 좌절하다 방
향을 바꾸기도 한다. 버틸 수 있던 힘은 무엇인가?
　　이 길이 내 길이 아니라고 생각한 적은 없다. 줄곧
학생이었다가 이제 막 사회에 나와 계획과 꿈을 밀고
나가는 중인데 고생하는 것은 당연하지 않은가. 점점
더 많은 사람이 내가 만드는 '아트 퍼니처'를 찾게 될
것이란 확신도 있다. 시간도 많이 걸리고 과정도 험난
하겠지만 첫 단추만 잘 끼우면 이후부터는 자동으로,
술술 잘 풀릴 것이라 생각했다. 가구 디자이너로 일하
고 있지만 건축도 공부했으니 언젠가 멋진 건축물을
짓고 싶다는 마음도 있다. 그러나 조급해하지 않기로
했다. 필립 스탁이나 카림 라시드는 '건축가'라는 타이

공간을 적게 차지해 1인 가정에 적합한 〈터니처〉

틀은 없지만 다양한 건축 프로젝트를 진행하지 않는
가. 내 이름이 하나의 브랜드가 되면 나에게도 자연스
럽게 기회가 올 것이라 믿는다.

**디자인만 좋으면 여기저기서 먼저 '콜'이 오는 시대다.
자신의 디자인이 독창적이라 생각하는가?**

그런 작품을 선보이려고 노력한다. 나의 경우는 작
품을 만들기 전에 최대한 자세하게 밑그림을 그린다.
드로잉 작업이 완성되면 먼저 의자, 테이블 등으로 여
러 가지 키워드를 넣어 구글링을 해 본다. 일종의 검열
과정으로, 내 아이디어와 비슷한 디자인이 있으면 깨
끗하게 지우고 처음부터 다시 시작한다. 어떻게 보면
스스로를 힘들게 하는 과정이지만 멀리 보면 이것이
맞는 것 같다. 내가 시그너처로 삼고 싶은 요소는 '섹
시한' 디자인이다. 지루하지 않고, 재미있고, 감각적이
었으면 좋겠다. 대표적인 작품이 영어로는 엉덩이, 프
랑스어로는 '뒤'를 의미하는 〈데리에르Derriere〉다. 책
상인데 아래 프레임을 자세히 보면 엎드린 여자를 남
자가 뒤에서 끌어안는 형상이다.

서민범의
Advice

• 함께 작업하고 싶은 사람이 있다
면 페이스북, 인스타그램 등을 통해
과감히 메시지를 남길 것. 분명 성과
가 있다.

• 첫 단추만 잘 끼우면 이후부터는
술술 풀린다. 성과가 안 나온다고 지
레 포기하지 말고 인내심을 갖고 첫
단추를 잘 끼우기 위해 노력하라.

• 나의 시그너처 디자인이 무엇일지
늘 고민할 것. 그것이 무엇이 되어도
상관없다.

혼자서 vs 여럿이

수년간 대학에서 숱한 가르침, 지시, 규칙, 금기 등을 따르느라 고생한 다수의 학생이 회사에 들어가기보다는 제힘으로 스튜디오를 차리고, 혼자서 판단(또는 오판)하고, 스스로 미래를 책임지는 쪽을 택하고자 한다.

요즘 디자인과 건축 업계의 진입 장벽은 과거 어느 때보다 낮다. 이제 막 대학 교육을 마친 졸업생도 순조롭게 시장에 들어갈 수 있으니, 젊은 사업가와 단체들에게는 희소식이 아닐 수 없다. 창업 첫 단계에서는 자신에게 주어진 선택지를 주의 깊게 검토하는 것도 물론 중요하지만 계획이 어느 정도 무르익었으면 과감히 실행할 필요가 있다. 주도면밀한 것도 좋지만 첫발을 내딛기도 전에 이익률이니 계약이니 하는 것들에 발목이 잡혀서는 안 된다.

그렇다면 위험 부담은 어떻게 해결할 것인가? 비슷한 성향의 개인들이 한 팀을 이루는 것이 나을지도 모른다. 여럿이 함께할 때의 장점은 한두 가지가 아니다. 서로에게 온기가 되고 도움이 되며 흥겹게 일할 수 있다. 함께라면 무엇이든 해낼 수 있을 것 같은 자신감이 생긴다.

이번에 만나 볼 이들은 1인 회사에서 느슨한 모임까지, 인적 구성의 넓은 스펙트럼을 상세히 보여 줄 것이다.

TC #084/2/2

<휴대용 술병 084/2/2번#084/2/2Hip Flask>

취직하지 않고 <u>독립하기로 했다</u>

나만 할 수 있는 것

맞춤 가구·제품 제작자 톰 세실
Tom Cecil

이름 있는 건축 회사의 엔지니어였던 톰 세실은 보수 좋은 일자리와 승진 기회를 버리고 독립을 선택했다. 마당에서 뭔가 만들고 싶어서였다. 꽤 극단적인 행보로 보이지만 그는 다른 사람을 위해 일하는 하루하루에 만족할 수 없었고, 그러던 어느 날 혼자 해보기로 마음을 굳혔다. 일단 생계를 위해 파트타임 일자리를 구하고 나머지 시간에는 실험에 매진했다. 그리고 다양한 재료와 기법, 방법을 두루 실험하며 앞으로 어떤 디자이너가 되고 싶은지 탐색했다.

　얼마나 많은 직장인이 회사에 앉아 억지로 일하며 '내가 정말로 하고 싶은 다른 일'들을 꿈꾸며 시간을 보내는지 모른다. 톰은 그 꿈을 현실로 만들었고, 지금은 맞춤 가구와 제품을 제작하는 1인 회사를 성공적으로 운영하고 있다. 쉽게 얻은 결과가 아니다. 희생할 것은 희생해야 했고, 배짱 있게 위험을 감수해야만 했다. 그는 사이 단계를 거쳐 자영업자로 변모했는데 이러한 방법은 재정적 위험을 줄이고, 회사원의 틀에 박힌 일과에서 보다 자유로운 직업 환경으로 이행할 때 발생할 법한 문화적인 충격을 최소화하는 데 도움이 된다.

"내가 모든 결정을 내리는
스튜디오를 가지고 싶었다.
회사를 어떻게 세우고
꾸려 나갈지 전적으로
내가 판단하고 싶었다.
어려운 일임을 알았지만
다른 선택지가 없었다."
_톰 세실

경험에서 얻은 것

　나는 건축 음향 공학자라는 안정적인 일자리와 평탄한 앞날을 손에 쥐고 있었지만 내가 꿈꾸던 내 모습은 무언가를 만드는 나였다. 건물을 만들고, 가구를 만들고, 설치 작품을 만들고, 제품을 만드는 것이 오랜 꿈이었다. 더 이상 흥미를 느낄 수 없는 회사 일에 소중한 시간을 허비하고 있다는 생각에 한시도 견딜 수 없었다. 승진 이야기가 나오면 식은땀이 났다.

　결국 파트타임 컨설턴트로 직업을 바꾸고 형의 집 마당에서 가구를 만들기 시작했다. 언제나 매력을 느꼈던 재료와 형태들로 각종 실험을 했다. 다시 학생이 된 기분이었다. 미래는 다소 불투명했어도 어쨌든 물건을 만들고, 설치 작업을 하고, 새로운 기법을 익혔다. 얼마나 창조적인 시간이었는지 모른다.

　그러던 어느 날 한 갤러리에 전시를 보러 갔다. 그리고 친구의 성화에 못 이겨 갤러리 운영자에게 쭈뼛쭈뼛 다가가 내가 무슨 일을 하는 사람인지 소개했다. 그들은 내 작업을 마음에 들어 했고, 이 갤러리가 주최한 팝업 전시에 〈와이어 벤치 033번#033 Steel Rope Bench〉의 시제품을 선보이게 되었다.

　첫 두 해 동안은 깊고도 폭넓게 실험했다. 용접, 목공, 콘크리트 주조, 얼음 조소, 유리 공예, 금속 주조를 전부 섭렵했다. 내가 어떤 디자이너인지, 그리고 지금 내 좌표는 어디쯤인지 알고 싶어서다. 나는 무엇을 하는 사람일까, 나는 그것이 늘 궁금했다. 당시엔 나를 뭐라고 소개하면 좋을지도 몰랐다. 돈은 많이 벌지 못해도 내가 뭘 하고 싶은지 아는 게 중요했다. 모든 게 순탄했던 것은 아니었고, 늘 행복하기만 한 것도 아니었지만 이제는 내가 어떤 사람인지 말할 수 있다.

〈소파 218번〉

선배의 조언

무엇을 할 작정이라면 정말로 잘해야 한다. 하지만 의외로 대충 뭉개면서 버티는 사람이 많다. 나에게 금속 작업을 의뢰하는 아티스트들에게 어떤 방식으로 용접하기를 원하느냐고 물으면 "그게 뭔가요?" 하고 반응하는 경우가 많다. 아무도 자세하게 묻지 않았던 것이다. 나는 의뢰가 들어오면 몇 가지 기법으로 용접을 하는데, 기법이 달라지면 작품의 특징도 완전히 바뀔 수 있다. 아티스트에게는 이런 사소한 차이도 매우 중요하다. 더 많이 알고 더 잘 이해해야 독특한 것을 내놓을 수 있지 않을까.

그러니 지금 자신이 하는 일에 대해 찬찬히 생각해 보고 앞으로도 계속 그 일을 하고 싶은지 자문해 보길 바란다. 마음이 바뀌어도 괜찮다. 생각만큼 일이 잘되지 않으면 얼마든지 그만두고 다른 것에 도전하면 된다. 또 사람들이 하는 이야기를 그대로 믿지 않았으면 한다. 결국엔 그게 옳다고 생각하게 되더라도 스스로 확인하는 과정이 필요하다. 그것이 당장의 성공을 보장하진 않더라도 자신에게 충실해야 한다. 성공에는 많은 조건이 필요한데, 그중 하나가 '나에게 정직하고 나답게 존재하는 것'이니까.

사람들이 내 작품을 좋아할지 아닐지는 내가 어떻게 할 수 없는 문제다. 다른 사람이 내 작품을 좋아한다면 기쁘겠지만 그것을 위해 정체성을 버려서는 안 된다. 눈에 보이는 것이 좌우하는 세계에서 독창적으로 생각하고 그것을 실현하는 것은 쉽지 않은 도전이고, 긴 시간을 요하는 과제다. 그러나 그것만큼 큰 자산이 없다. 누군가는 사람들의 관심을 끌기 위해서나 유명해지기 위해 디자인을 한다. 나는 그렇게 생각하지 않는다. 디자이너는 자기 자신을 표현하기 위해 디자인하는 사람이다.

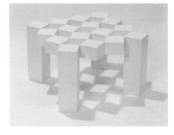

〈불어나는 테이블 146번#146 Auxetic table〉

"얼마나 많은 직장인이 자기가 정말로 하고 싶은 '다른 일'을 생각하며 시간을 보내는지 모른다."
_젬 바턴

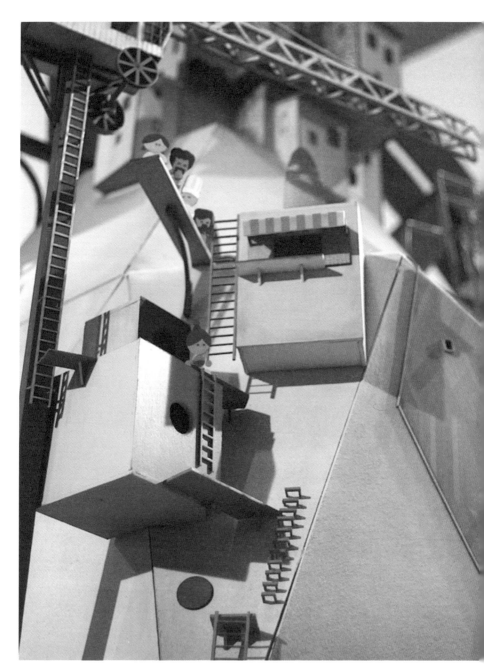

〈루미노 시티|Lumino City〉

걷고 난 다음에 뛸 것

비디오 게임 회사 스테이트 오브 플레이
State of Play

야심 찬 젊은이들이 그러듯 루크 휘태커Luke Whittaker는 졸업 후 현장 경험에서 만족감을 느끼지 못했다. 찬찬히 사다리를 올라가는 것도 즐겁지만 더 주도적으로 자신의 커리어를 기획하고 싶었던 그는 프리랜서로 전향한 뒤 다시는 뒤돌아보지 않았다. 그리고 경기 침체기에 비디오 게임 디자인 분야에 입성했다. 많은 이들이 왜 하필 지금이냐고 물었지만 루크가 걱정한 것은 시기가 아니었다. 비디오 게임 산업은 경기와 무관하게 성장세를 이어 가리라는 것이 그의 전망이었다.

문제는 시장에서 살아남는 것이다. 그러려면 세상을 명확하게 인식하고, 자신이 선택한 시장과 그 안에서의 위치를 정확하게 파악해야 한다. 간접비를 최소화할 수 있는 1인 사업체는 이 점에서 상당히 유리하다. 큰 회사를 운영하는 데 수반되는 비용 문제나 여러 불안 요소에 신경 쓸 필요 없이 업계 동향에 빠르게 대응할 수 있기 때문이다.

개인이나 소규모 회사에게도 초반의 성장세는 중요하다. 하지만 지나치게 빨리 성장하여 너무 많은 일거리에, 너무 많은 작업자가 관여하고, 자본을 너무 많이 투입하면 위험한 상황에 처할 수도 있다. 들어오는 돈은 얼마 안 되고 입금도 미루어지는데 나가는 돈은 꼬박꼬박 나가고 심지어 점점 불어난다. 이 때문에 빨리 성장한 신생 업체는 재정 난관에 부딪히기 쉽다. 사업의 현재 궤도를 정확하게 파악하고, 신중하게 선택해야 한다. 어울리지 않는 일은 거절하는 것이 옳다. 걷기도 전에 뛰어선 안 된다.

"어쩌면 창업은
도박일지 모르지만
도전할 만한
가치가 있다."
_루크 휘태커

맨 위: 〈어 브레이크 인 더 로드〉
위: 〈루미노 시티〉

경험에서 얻은 것

나는 애니메이션과 영화를 좋아한다. 대학생 때는 한 특수 효과 업체의 작업 현장에서 일하기도 했다. 그러나 그 회사 역시 업계의 고질적인 위계 구조를 답습하고 있었다. 몇 년간 밑바닥에서 실력을 증명하고 나서야 일다운 일을 받는 것이다. 한번은 어떤 애니메이션 작가의 작품을 흥미롭게 보고 있었는데 회사의 중진 프로듀서가 인턴인 내가 그 자리에 있는 것을 발견하고는 방에서 나가라고 했다.

이후 한 웹 디자인 회사에서 첫 일자리를 구했다. 인력이 부족한 상황이라 혼자 많은 일을 해야 했는데, 덕분에 사업 계획을 짜고 계획을 실행하는 법을 익힐 수 있었다. 그리고 1년이 지나기 전에 프리랜서로 전향했다. 그사이에 대학 시절 발표했던 몇몇 작품이 주목받은 것도 도움이 되었다. 창업 결정 자체는 어렵지 않았다. 도박이긴 했지만 외부에서의 작업 요청도 이따금 들어왔기 때문이다. 독립해도 문제없겠다는 계산이 섰을 때, 3개월분 월급을 비축한 뒤 그 3개월 안에 사업을 궤도에 올려놓을 수 있는지 확인하기로 했다.

대학 시절 발표한 〈어 브레이크 인 더 로드A Break in the Road〉라는 작품으로 몇몇 상을 받았다. 이 게임을 인터넷에 무료로 풀었더니 사방팔방으로 퍼져 나갔다. 사람들은 이메일(트위터나 페이스북이 없던 때다)로 자기 친구들에게 링크를 보냈다. 그 결과… 나는 호스팅 업체에 엄청난 요금을 지불해야 했다. 적정 한도를 벗어났다는 점에서 첫 사업은 성공인 동시에 실패였지만, 수천 명에게 작품을 선보이고 클라이언트를 끌어오는 성과가 있었다. 이후 쇼크웨이브Shockwave를 위해 완전히 새로운 버전을 만들었고, 엠티비를 위해서는 음악을 기반으로 한 버전을 만들었다. 이 일로 하고 싶은 일을 위한 예산을 확보했다. 이제는 우리 돈을 투자해 게임을 만든다. 전보다 위험 부담은 늘었지만 주도권 또한 커졌다.

5년간 프리랜서로 활동하면서 때에 따라 프로그래머나 사운드 디자이너와도 일했다. 나도 할 수 있는 일이라도 혼자서 너무 많은 일을 떠맡아서는 안 된다. 그래서 나는 아티스트 역할에 충실하고, 다른 분야는 그쪽에 훨씬 특화된 사람들에게 맡긴다. 아내와 함께 게임 회사 스테이트 오브 플레이를 차린 것은 더 큰 일을 하기 위해서다. 이제는 혼자 할 수 있는 일이 예전만큼 많지는 않다. 기술적으로나 예술적으로 많은 노력을 투입해야 하는 작품에서는 더욱.

게임 업계에는 대형 작품들도 많지만 그렇기에 한 사람이 맡을 수 있는 역할은 무척 작다. 우리는 작은 회사라 독립적으로 스타일을 탐색하고 개발할 수 있다. 다른 누군가의 계획에 맞추어 성격을 바꾸지 않아도 된다.

선배의 조언

대학 졸업 시점에 사람들에게 보여 줄 수 있는 작품이 있으면 좋다. 좋은 포트폴리오에 웹 사이트까지 갖추었다면 나를 따로 설명할 필요가 없을 것이다. 복잡하게 생각할 것 없이 명확하고 단순하면 된다.

가능하면 몇 달 정도 버틸 수 있는 재정적인 대비책을 마련하라. 그래야 압박을 덜 수 있고, 건강한 정신으로 가고자 하는 방향을 명확하게 가늠할 수 있다. 여럿이 팀으로 일할 경우에는 원칙을 정확히 세워 두어야 오해를 줄일 수 있다.

비즈니스 세계는 무슨 일이 벌어질지 예측할 수 없는 곳이지만, 목적의식이 있으면 변화 속에서도 제 방향을 찾을 수 있다. 우리는 2009년에 웹 게임을 만들고 있었는데, 2010년에 아이패드가 출시되면서 상황이 완전히 달라졌다. 호기인지 위기인지 아무도 몰랐다. 운이 좋게도 이 변화 덕분에 전보다 더욱 자유롭게 작품을 만들고 더 주도적으로 작품을 발표할 수 있었으며, 더 크고 멋진 프로젝트에 착수하게 되었다. 이렇듯 전체적인 흐름과 상관없이 성공의 문은 열려 있다.

나에게 잘 맞는 환경을 갖추고 다른 압력들에 지나치게 의존하지 않는다면, 본능과 직관을 따름으로써 큰 보상을 받을 수 있다. 그것이 창의적인 산업의 핵심일 테니까.

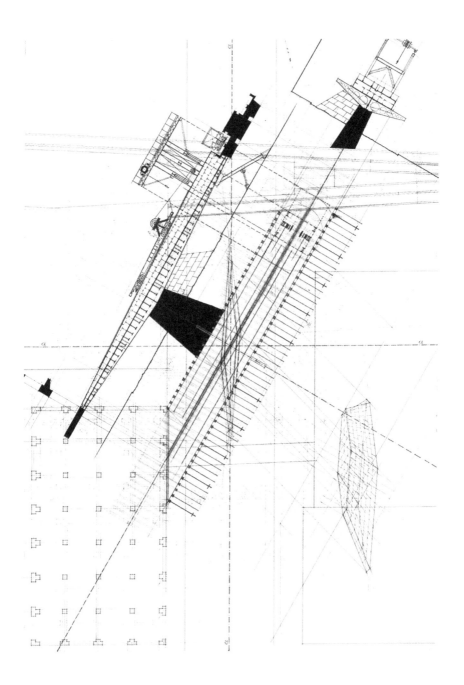

취직하지 않고 <u>독립하기로 했다</u>

좋아하는 것을 파고들 것

건축 드로잉 전시 플랫폼 더 드래프터리
The Draftery

예슨 타나디Jesen Tanadi는 자신의 취미를 살려 매년 수만 명의 아티스트가 접속하는 출판 플랫폼을 만들어 냈다. 세계적인 명성의 건축가와 디자이너의 작품을 만날 수 있는 아키진은 전 세계 건축학도의 필수 방문 사이트로 자리 잡았다.

그는 방학 동안의 인턴 경험을 통해 건축가 일이 자신의 상상과 다르다는 것을 깨달았다. 그리고 자신은 작업의 일부가 아니라 전체에 개입하고 싶어 하는 사람임을 알게 되었다. 이후 건축을 공부하던 중에 흥미를 느꼈던 다른 일에 초점을 맞추기 시작했다. 더 드래프터리는 그렇게 설립되었다.

1인 체제에서는 늘 계획적이고 의식적으로 일이 추진되지는 않는다. 때로는 우연히 굴러온 기회를 덥석 물게 된다. 예슨도 그랬다. 자신이 대학에서 열심히 준비하던 직업이 기대와 다르다고 해서 무작정 포기하지 않았으며, 오히려 기회로 바꾸어 냈다. 수준 높은 건축 드로잉 작품을 공유하고 출판하는 그의 신선한 프로젝트는 가속을 받았고, 재능 있는 인재들을 회사에 영입하기 시작했다.

"목표를 향해
나아가는 한
넘지 못할 장애물은
없다."
_예슨 타나디

경험에서 얻은 것

　미국 로즈 아일랜드 디자인 스쿨에서 건축을 전공했다. 이곳은 비규범적으로 건축을 사고하라고 권장하는 학교지만, 내가 즐겨 만들던 작품은 종이 건축 전통을 무난하게 따르는 것들이었다.

　나는 업계의 실상을 경험하고자 방학 때마다 프로비덴스, 로즈 아일랜드, 보스턴 등지의 몇 안 되는 소규모 회사에서 인턴으로 일했다. 그러나 기대가 무색하게도 건축 회사의 90%는 내 예상과는 딴판이었다. 실제 건설은 건축과 유리되어 있었다. 건축가는 대부분 개념과 설명만으로 작업하고 실행은 다른 사람이 맡는다. 건축가의 일은 한 무더기의 법률 문서에 묶여 있는 것 같았다. 현장을 경험할수록 학교에서 배운 것들이 현실성을 잃기 시작했다. 나는 이러한 생각을 졸업 논문을 위한 드로잉에 반영하기도 했다.

　학교를 졸업하고도 건축 업계에 진출할 마음이 들지 않았다. 내가 하고 싶던 일은 그런 게 아니었다. 그래서 건축이 아니라 인쇄술과 그래픽 디자인을 좀 더 연구하기로 했다. 평소에 관심 있었지만 학교에서 충분히 공부하지 못했던 분야였다. 프로비덴스에 머물면서 생계를 꾸릴 방법을 찾고 내가 무엇을 하고 싶은지 생각을 정리하고자 했다. 그리고 남는 시간도 때우고 당시의 관심사도 발전시킬 겸 지역 인쇄 공방에 들어가 대학 때 처음 접했던 여러 인쇄 기술을 깊이 있게 연구했다. 결국 그곳의 핵심 멤버이자 강사, 인쇄 기술자로 일하게 되었다. 하지만 여전히 건축, 그중에서도 건축 드로잉에 뜻이 있었다. 그리하여 건축 드로잉 작품을 전시하는 플랫폼인 더 드래프터리를 만들었다. 처음에는 그동안 수집한 작품을 공유하는 블로그 수준의 웹 사이트로 출발했는데 몇 달 지나 도쿄의 작은 출판사에서 일하던 친구에게 연락이 왔고, 이후 더 드래프터리의 연속 간행물인 「피규어즈Figures」의 창간

호를 내게 되었다.

　그때만 해도 출판에 대해 아무것도 몰랐기에 대학 동창과 은사님이 여러 도움을 주셨다. 지금도 상설 멤버와 자문 편집인으로 함께 일한다. 두 번째 호를 펴내면서부터는 그래픽 디자인 분야의 흥미를 살려 대학원 진학을 진지하게 고민했고, 학업과 드래프터리 활동을 병행하고 있다.

선배의 조언

　자신이 좋아하는 일을 하라느니, 자신의 본능을 믿으라느니 하는 책과 기사는 나 역시 수없이 읽었다. 물론 다 맞는 말이고 중요한 말이지만, 그 일을 하는 동안에도 '생계를 유지해야 한다'는 점은 빠져 있기 일쑤다. 특히 커리어를 시작할 때는 생계 유지가 가장 큰 문제다. 그렇다면 일단 일자리를 구할 일이다.

　노력과 헌신은 다른 모든 덕목을 넘어선다. 일에 전념하고 목표를 향해 꾸준히 나아가는 사람에게 극복하지 못할 장애물이란 없다. 나는 예술계, 디자인계, 건축계 어디에서나 그것을 확인했다. 초반에는 더더욱 열심히 해야 한다. 문득 어디서 누군가가 나타나 전시에 참여해 달라거나 무엇을 디자인해 달라고 할 일은 거의 없다. 따라서 내 이름을 세상에 알리는 것이야말로 프리랜서의 가장 중요한 업무다.

더 드래프터리의 웹 사이트와 연속 간행물

Advice
숨어 있지 마라

건축 회사 더 클라스니크 코퍼레이션The Klassnik Corporation의
토머스 클라스니크Tomas Klassnik가 말하는 1인 창업

많은 이들이 자립을 꿈꾼다. 정해진 일과 시간도 없고, 성과를 가로채려는 동료나 사소한 것 하나까지 트집 잡는 윗사람도 없다. 이 정도면 위험을 감수할 만하다. 그렇다고 너무 서두를 필요는 없다.

회사에 들어가서 경력을 쌓을 때에도 마찬가지 만 독립적으로 일할 계획이라면 더더욱 다양한 경험을 쌓는 것이 중요하다. 여러 전문 분야의 다양한 기술을 익혀 두면 장기적으로 큰 자산이 될 게 분명하다. 당장에 보기에는 지루하고 재미없는 것이라도 일단 배워 두자. 장차 모든 일을 혼자 책임져야 할 때를 미리부터 대비하자는 것이다. 프로젝트에 참여하여 모든 단계, 모든 범위에서 어떤 일이 벌어지는지 직접 알아보자.

내가 건축가로 자립하기 전에 일하면서 경험을 쌓았던 소규모 건축 회사들은 비판적인 사고와 접근법으로 언어, 조소, 설치, 때로는 실제 건축을 통해 디자인의 잠재력을 탐색하는 곳들이었다. 나는 그들로부터 벽돌과 모르타르가 아닌 재료들을 가지고도 흥미로운 건축적 화법을 구사할 수 있음을 배웠다. 그리고 이것이 나의 커리어 초반을 이끌었다.

당시 나는 벽돌을 모자로 바꾸는 공법 하나만으로 이름을 알려 나갔다. 대형 회사가 아닌 이상 마천루 설계에 관한 상세한 지식이 회사의 첫 번째 작업에 그대로 적용되지는 않겠으나, 업계의 기술적 공정과 관습을 이해하는 데는 분명 도움이 된다. 그리고 결국엔 아무리 작은 일이라도 나름대로 유용하게 쓰일 것이다. 그러다 실제로 마천루 설계를 의뢰받는다면? 나는 이미 준비되어 있다!

배울 것도 다 배우고 회사에서 쓸 문구류도 결정했으면 다음으로 깊이 고민해야 할 것은 회사 이름이다. 사람들은 회사 이름을 보고 그 회사가 하는 일을 짐작한다. 1인 회사라도 마찬가지다. 그러니 혼자서 일하더라도 내가 어떤 사람인가를 생각하기보다는 앞으로 어떤 일을 하고 싶은지를 고심해서 이름을 정해야 한다.

명심해야 할 것은 이름은 사람들의 눈에 띄어야 한다는 점이다. 자신의 이름 뒤에 '건축'이나 '스튜디오'를 붙이는 것은 생각만 해도 식상하다. 더 이상 만들어 낼 수 있는 이니셜 조합도 없다. 그래서 나는 '코퍼레이션(기업)'이 되기로 했다. 건물만이 아니라 더 많은 것을 설계하고 싶었기 때문이다.

사람들은 '코퍼레이션'이 정확히 무엇을 하는 곳인지 모른다. 그래서 '클라스니크 코퍼레이션'이라고 소개하면 대단한 곳처럼 짐작한다는 점도 좋았다. 건축가에게는 그런 이미지도 도움이 되니까. 대부분의 사람들은 작은 회사보다는 큰 조직을 신뢰한다. 실사 담당 직원이 따로 있고, 사무용품이 대용량으로 차곡차곡 쌓여 있으면 '저 회사는 여러 가지 일을 하는구나' 생각하고 신뢰를 보낸다.

특히나 건축은 혼자 일하기 어려운 분야다. 건축은 일단 크고 비용도 많이 든다. 그 때문에 사람들은 그 크고 비싼 것을 설계하는 사람이 하나부터 열까지 제대로 알고 설계하고 있는지를 궁금해한다. 또 그가 전에도 비슷한 일을 해 보았는지 알고 싶어 한다. 그럼에도 건축은 물론 모든 분야에 있어 1인 회사를 세울 때 가장 중요한 것은 실제로 무언가를 시작하는 것이다.

무엇이든 상관없다. 실제로 일을 해야 자신의 아이덴티티를 구축하고, 자신의 신념을 확인할 수 있다. 다시 말해 상사도 동료도 아닌 오롯이 자기만의 비전이 생긴다. 민첩성과 융통성은 1인 사업체의 필수 조건이자 큰 장점이다. 나는 기업과 갤러리, 랜드마크, 공공 영역 등의 디자인 작업을 의뢰받기에 앞서 전시 디자인 설계, 팝업 스토어, 패션 잡지를 위한 미래 도시 설계, 심지어 르 코르뷔지에의 영혼과 접신하는 강령회까지 맡아서 작업했다.

모든 프로젝트는 작업자의 신념을 정의해 주는 동시에 하나하나가 새로운 관객과 미래의 클라이언트를 유인하는 역할을 한다. 숨어 있지 마라. 혼자 일하기로 했다면 오히려 더욱 자주 밖으로 나가 네트워크에 들어가야 한다. 자신의 아이디어를 비판적으로 시험할 수 있는 대화의 장을 찾아내자. 여기에는 작품 전시, 잡지 기고, SNS의 최신 이슈에 목소리 내기 등과 같은 여러 가지 방법이 있다. 내 경우에는 1인 회사로 이행하는 과정에서 파트타임 일과 강의를 병행함으로써 그러한 필수적인 대화에 참여할 수 있었고, 경제적으로도 연착륙할 수 있었다.

이 조언들을 성실하게 따르다 보면 어느 순간 일이 밀려들기 시작하고 어느새 직원 채용을 고민하게 될 것이다. 자신이 가장 잘하는 일을 직접 하고, 다른 일은 다른 사람에게 맡기자. 영원히 1인 회사로 남을 필요는 없으니까.

세상은 언제나 새로운 목소리를 찾고 있다. 그러니 스스로에게 진지하게 물어 보자. 나에게는 새로운 이야기가 있는가, 현 상태에 문제를 제기하고 싶은가? 만약 그렇다면 주저하지 말고 나서자. 나의 마음을 사로잡는 것이 있다면 놓치지 마라. 하늘에는 천장이 없다.

〈신흥룽New Hing Loon〉

팀의 힘은 개개인에게 있음을 인지할 것

디자인 스튜디오 시안 앤 스티븐

Seán & Stephen Ltd.

시안 앤 스티븐은 시안과 스티븐이 만든 회사다. 그들처럼, 누군가와 함께 일하고 싶으면 그 사람을 채용하면 된다. 이렇게 간단한 방법이 있다니! 내가 원하는 사람과 회사를 세우고, 두 사람의 상이한 개성과 성향을 한 팀으로 융합하는 것은 꽤나 효과적인 전략이다.

시안과 스티븐은 힘을 합쳐 일하면서도 각자의 작업에서 추구하는 성취도를 지켜 내며, 건축과 디자인의 한계를 탐사한다. 복수성이라는 이들의 핵심 정체성은 스튜디오에 활기를 불어넣고 넓은 범위의 능력을 보장하지만 한편으로는 의견 차이를 좁히지 못하고 교착 상태에 빠질 위험이 있다. 압박이 심한 시기에는 더 치명적이다.

팀 개념의 회사에서는 프로젝트와 정책을 통하여 개개인의 성격을 항상 가시적으로 드러내는 것이 중요하다. 두 사람은 어떤 균질적인 디자인 스타일을 도입하거나 그것을 위해 타협하려는 생각이 없다. 그들은 개개인의 독자적인 관심사를 추구하고 그 과정에서 서로가 서로를 뒷받침하는 체계를 가지고 있다.

경험에서 얻은 것

학생 시절 나(시안)는 어느 순간 변방이 중심만큼 중요하다는 것을 깨달았다. 규모가 큰 건축 회사를 그만두고 어느 인터랙티브interactive 디자인 업체에 들어갔을 때 이러한 생각은 보다 분명해졌다. BBC 텔레비전의 광고 세트를 디자인, 제작하는 곳이었는데, 공항의 승객 동선을 설계하다가 갑자기 텔레비전 카메라와 감독, 프로듀서를 위해 무대를 설계하게 되었다. 바로 그때 강렬한 무엇을 깨달았다. 작업 분야와 환경이 달라졌는데도 내가 전혀 당황하거나 놀라지 않았던 것이다. 이를 계기로 건축 일에 대한 고정관념에 대해 진지하게 문제를 제기하기 시작했다.

스티븐과 나는 동시에 각자의 회사에서 해고 통지를 받았다. 그로부터 몇 주 지나지 않아 스티븐이 함께 공모전에 나가자고 했을 때, 우리 디자인 스튜디오의 씨앗이 뿌리를 내렸다. 더 정확히 말하면 '씨앗들'이다. 회사를 차리고 1년간 어렵게 배운 교훈이 있다면 우리는 구별된 개인이자 자신을 표현하는 것을 매우 중요하게 여긴다는 것이다.

아래와 127쪽: 〈정신의 미로Mind Maze〉

시안 앤 스티븐은 '전체는 부분의 총합보다 크다'는 게슈탈트Gestalt 이론을 증명한다. 스티븐의 능력은 드로잉과 경영 분야에 있고, 그의 사업 감각이 나의 현학적인 접근법을 더욱 풍부하게 발전시킨다. V&A 박물관의 영상 작업, 런던 월섬스토Walthamstow의 타운 센터 상설 설치 작업, 런던 웨스트엔드의 고급 아파트 리노베이션 등, 우리는 두 사람이기에 매우 다양한 작업을 끌어올 수 있었다. 각자 여러 갈래에 관심사가 없었다면 그와 같은 건축 포트폴리오를 구성할 수 없었을 것이다. 또한 팀을 이루지 않았다면 공모전과 입찰, 의뢰로 작업을 따내지 못했을 것이다.

"동등한 두 개인이 이끌어 가는 우리 회사는 서로의 강점을 인정하고 또한 서로의 차이점을 즐겁게 받아들인다."
_시안 맥알리스터

선배의 조언

창업에 뜻이 있다면, 일단 그것의 바탕이 될 작업을 확보하는 것이 좋다. 시안 앤 스티븐은 규모가 꽤 큰 주택 재설계 작업을 맡아 창업 후 1년간 그 일을 진행했다. 이것은 회사의 자금 유통에 큰 도움이 되었을 뿐만이 아니라 실질적으로 활동을 개시하고 포트폴리오를 구축하는 계기가 되어 주었다.

아직 그런 사업이 없어도 괜찮다. 다양한 유형의 사업에 지원하여 적극적으로 의향을 표현하라. 건축 프로젝트에만 국한하지 말고, 여러 분야의 사업 설명서를 연구하면서 요즘 클라이언트들이 요구하는 바가 무엇인지 분석하고 자신이 받은 건축 훈련 및 기량이 다른 지원자들과 어떻게 다른지 살펴보기를 권한다.

〈야드하우스Yardhouse〉

하나하나 더듬어 나갈 것

디자인 스튜디오 어셈블
Assemble

어셈블은 열다섯 명이 넘는 평사원만으로만 이루어진 독특한 회사다. 평균 연령은 22세! 어떤 회사일까? 젊음과 평등을 내세운, 위계가 없는 이 '재미 공동체'는 영리한 접근법으로 자신들의 꿈을 실현하고 있다. 일반적인 믿음과 달리 경험은 그리 중요한 자산이 아님을 증명하고 있는 것이다. 어셈블을 보면 열심히 일하고, 서로 신뢰하고, 자신의 직관을 따를 때 성공이 자연스럽게 따라온다는 것을 알 수 있다.

디자인 산업에 진출하는 데 반드시 숙지해야 할 처방 같은 것은 없다. 삶의 목표를 정하는 것, 사업 계획을 세우는 것, 회사의 노선을 공표하는 것 등 할 수 있는 것은 일단 시도해 볼 일이다. 다만 전형적인 프리랜서나 1인 기업 외에 다른 유형을 선택할 때는 먼저 암중모색의 시간을 가져야 한다. 지금은 어셈블로 불리는 이 회사도 첫 1년은 정식 회사로 등록하지 않았고, 은행 계좌도 없었으며, 심지어 이름도 없었다.

어셈블에는 문제를 진취적으로 해결하는 디자인을 이상으로 삼는 사람도 있고, 유전자에 새겨진 혁신 정신으로 모든 일에서 새롭고 짜릿한 경험을 끌어내는 사람도 있다. 전통적인 환경과 체제, 구조 안에서 다른 누군가를 위해 일하는 것에 절대 만족하지 못할 사람들이다. 전통에 갇히기엔 너무 자유로운, 종래의 일자리에서는 얻을 수 없는 주도권과 선택권, 쾌락을 누려야만 하는 영혼들이다. 매튜 룽Matthew Leung이 그들의 이야기를 전한다.

경험에서 얻은 것

어셈블의 가장 도드라지는 특징은 집단성이다. 평등한 모임 안에서 함께 일하는 우리의 방식은 여러 면에서 가장 논리적이다. 어셈블은 모두가 함께 책임지고 지식을 공유하고 더욱 많은 것을 생산한다. 이 독특한 업무 체계는 끊임없이 검토되고 조정된다. 어셈블은 첫 공동 작업인 '시네롤리엄The Cineroleum'* 이후 4년간 점진적으로 진화해 왔다.

쇠락해 가는 도심의 두 장소 유형(극장과 주유소)을 하나로 이어 보자는 구상에서 시작된 '시네롤리엄'은 클라이언트도 예산도 없었다. 딱히 존재해야 할 이유도 없는 단기 프로젝트로, 뭘 좀 짓고 싶다는 집단적인 충동을 해소하기 위한 아이디어에서 시작되었다. 우리는 몇 개월 동안 저녁 시간과 주말을 할애하여 프로젝트를 서서히 발전시켰다. 허가를 받고 재료를 모으고 도면을 그렸다. 최소한의 도구와 휴일과 무급 휴가를 (결국엔 약간의 지원금을 받았지만) 십시일반으로 모았다. 본질적으로 이 일은 여럿이 함께했기에 가능했다.

아래와 131쪽 오른쪽: '폴리 포 어 플라이오버'
131쪽 왼쪽: '시네롤리엄'

'시네롤리엄' 자체가 증명한다. 비계** 전문 업체에 맡긴 좌석의 경사 구조를 빼면 친구와 가족, 그사이에 만난 새로운 지인들의 힘을 빌려서 모든 요소를 우리가 직접 지었다. 은색 커튼은 공짜로 얻은 통기용 피막을 가정용 재봉 틀로 주름을 잡아 만들었고, 목제 접이식 좌석은 발판을 재활용하여 제작했다. 오래된 가구에는 무늬를 넣은 포마이카Formica 상판을 새로 입혔다. 자리를 지키고, 필름을 영사하고, 티켓에 도장을 찍고, 바에서 술을 팔고, 무엇보다 영화가 끝날 때마다 커튼을 들어 올려 관객에게 도시 풍경을 보여 주려면 영화를 한 번 틀 때마다 회사의 거의 모든 인원(대략 20명)이 출동해야 했다.

• 버려진 주유소를 극장으로 탈바꿈시킨 프로젝트
•• 높은 곳에서 공사를 할 수 있도록 임시로 설치한 가설물

당시에는 어셈블에 속한 대다수가 다른 회사에서 풀타임으로 일하거나 학교에 다녔기에 이러한 작업 방식이 대안적인 회사 형태의 토대를 이룰 수 있다는 데까지는 생각이 미치지 못했다. 일자리나 일감이 될 것 같지도 않았고, 심지어 다른 작업이 또 가능할지 예측할 수 없었기 때문이다. 솔직히 말해 '시네롤리엄'은 재미에서 시작하여 재미로 끝났다.

지금까지 어셈블은 연구 프로젝트, 순회 전시, 임시 무대부터 공공장소 개선, 주택 건설, 워크숍, 놀이 공간, 갤러리, 사무실 건축, 가구 제작에 이르기까지 언제나 다채로운 결과물을 생산했다. 비교적 규모 있는 회사라서 가능했지만 구성원의 다양한 관심사와 분리되어 있지 않다. 실제 건설 과정과 디자인의 사회적 맥락을 중요시한다는 공통점은 있지만 두 사람 이상이 강력하게 원하고 추진할 의지를 보이면 성격이나 규모, 예산과 상관없이 어떤 프로젝트라도 안건에 올리는 것이 통칙이다.

어셈블의 전 구성원은 프리랜서며, 많은 경우 동시에 여러 다른 프로젝트에 참여한다. '시네롤리엄'이나 '폴리 포 어 플라이오버Folly For a Flyover' 때처럼 전 멤버가 새로운 모든 프로젝트에 달려드는 것은 실용적이지도, 바람직하지도 않았다. 우리는 평등한 공동체라는 이상을 지켜 왔다. 그리고 자유롭게 일하고 필요할 때는 서로에게 도움을 청할 수 있는 체계를 구축했다.

선배의 조언

재능 있고 인적 자원도 풍부한 디자이너는 혼자서도 얼마든지 잘해 나갈 것이다. 하지만 어셈블은 집단정신이 있었기에 여기까지 올 수 있었다. 관건은 마음 맞는 사람들을 찾아내는 것이다. 또한 처음에는 장부 정리, 회의, 사업 설명, 제작, 드로잉 등 모든 것을 혼자 해 보기 권한다.

〈의자 아치(Chair Arch)〉

가장 나다운 나가 될 것

창작 집단 글루 소사이어티
Glue Society

글루 소사이어티는 광고 회사가 아니다. 발상과 제작을 한 공간에서 해낼 수 있다고 믿는 작가와 디자이너, 아티스트, 디렉터가 모인 창작 집단이다. 이들은 예술과 상업을 나누는 경계를 지워 나가고 있다.

전체는 부분의 합보다 크다. 함께 아이디어를 굴리고, 커피를 마시고, 이야기를 공유하면서 서로에게 대안을 제시하고, 문제를 제기하고, 자극을 줄 수 있는 팀이 있다는 것은 값으로 따질 수 없을 만큼 중요하다. 그뿐만 아니라 팀이 있으면 더 많은 일에 참가할 기회가 생기고, 위험을 분담할 수 있고, 심지어 여러 다른 장르와 영역에서 자원을 끌어올 수 있다. 어려운 상황에 처했을 때 구원의 손길이 되는 흥겨운 분위기와 동지애는 말할 것도 없다.

공동으로 회사를 창립할 때는 공통의 목표를 세우고 강령을 정함으로써 함께 모인 사람들이 어떤 사람이고 앞으로 어떤 사람이 되고 싶은지, 어떠한 가치관을 바탕으로 작품을 생산하고 싶은지 간추려 볼 필요가 있다. 이 단계가 마무리되었다면(때로는 몇 년이 걸리기도 한다) 구성원 전체가 한 배에 올라 같은 목표를 향해 노를 저을 차례다. 항해 중의 모든 결정은 바로 이것을 위해 이루어져야 한다. 다음은 조너선 니본 Jonathan Kneebone이 전하는 글루 소사이어티의 이야기다.

경험에서 얻은 것

광고계에서 커리어를 쌓는 경로는 매우 제한적이며 대부분 이 경로에서 벗어나지 않는다. 보조 작가나 아트 디렉터로 시작하여 수석 작가, 제작 총괄을 지나 마침내 자신의 이름을 내건 에이전시를 차리는 것이다. 이 전통적인 경로의 유일한 문제는 높은 자리로 올라갈수록 창의성을 발휘할 기회가 줄어든다는 데 있다. 수많은 회의에 참석하고 배를 조종하지만 실제로 무엇을 만들지는 않는다. 우리는 그것의 대안적인 해결책을 모색했고 그 답은 아이디어의 구상과 실행 양쪽에 늘 참여할 수 있는 우리만의 창작 집단을 만드는 것이었다.

KNOWLEDGE KEEPS LIKE FISH

함께 일할 때 어떤 개인이 내놓을 수 있는 것보다 훌륭한 결과를 낼 수 있다고 믿는다. 그 한 예가 우리가 개발하고 제작한 텔레비전 프로그램 〈엄마와 같이 보시오Watch with Mother〉다. 우리는 호주의 공영 방송국으로부터 새로운 볼거리 제작을 의뢰받고 이런저런 아이디어를 제시했다. 그러나 초반의 제안들은 진부하게 느껴진 모양이었다. 그들은 우리만이 만들 수 있는 것을 원했고, 우리가 광고에서 보여 준 참신한 접근법을 방송에 접목하기를 요구했다. 이윽고 우리는 집단적으로 하나의 콘셉트를 연구했고, 관객을 더욱 깊

맨 위: 〈이러려던 게 아닌데It Wasn't Meant to End Like This〉
위: 〈지식은 생선처럼 상하기 쉽다Knowledge Keeps Like Fish〉

이 끌어들이려면 독창적인 능력으로 관객을 뒤흔들어야 한다는 결론에 이르렀다. 다음으로 제안한 아이디어는 세계 최초의 '호러 쇼'였다. 극히 실험적인 6부 연작으로, 시청자를 깜짝 놀라게 하는 동시에 웃기는 데 성공했다. 단 2주 만에 이 작품을 제작하기 위해 글루소사이어터 내의 각 팀이 각본과 연출을 나누어 맡았다. 결국 우리는 어떤 개인도 해내지 못했을 일을 해냈다. 이 작품은 앱 스토어에 출시되었고, 미국에서는 배급 계약을 맺은 소니를 통해 공개되었다.

TV 프로그램 〈엄마와 같이 보시오〉

선배의 조언

내가 아는 가장 좋은 조언은 사치 앤드 사치Saatchi & Saatchi의 크리에이티브 디렉터 폴 아던Paul Arden의 말이다. 그는 "당신이 어떤 사람인지 알아내서 그것을 표현하라"고 아주 명료하게 말했다. 자신의 본모습에 충실하다는 것은 듣기에는 쉬울지 몰라도 실제로는 많은 노력을 요한다. 클라이언트나 상사가 바라는 것 같은 모습을 보여 주려고 진짜 마음을 억누르기도 하니까. 그러나 자신에게 충실할수록 독창적인 작품이 나오는 법이다.

여러 분야의 아티스트에게 왜 관습에서 벗어나는 것을 좋아하는지 물은 적이 있다. 그때 배우 스티븐 프라이Stephen Fry는 "관습이 존재한다는 것을 증명할 수 있으니까"라고 답했다. 관습을 뒤집음으로써 사람들로 하여금 다른 것의 아름다움과 그것이 주는 영감을 깨닫게 할 수 있다. 우리의 핏속에는 새로운 영역을 개척하고자 하는 욕망이 흐르고 있다. 우리는 누구도 하지 않았던 일을 할 때 가장 살아 있다고 느낀다. 이것을 창작의 신조로 삼는다면 커리어는 물론이고 삶 전반을 전과 다른 관점에서 바라보게 될 것이다. 그리고 중독적이고 감동적인 변화를 경험할 것이다.

"새로운 일을 한다는 것은 틀에 박힌 행동이 존재함을 입증하는 것이고, 그것이 새로운 일에 뛰어드는 매우 강력한 동기가 된다."
_조너선 니본

〈브레인스톰Brainstorm〉

밀고 당기고 찢고 붙일 것

건축 프로젝트 그룹 레드 디어
Red Deer

레드 디어는 완벽한 칵테일 한 잔과 같다. 리오넬 레알 데 아수아Lionel Real de Azua, 루카스 체 티자르드Lucas Che Tizard, 시아란 오브라이언Ciaran O'Brien, 이 세 사람이 가진 저마다 다른 기량과 관심사를 한데 넣고 거칠게(!) 흔들면 여러 향과 맛이 완벽하게 어우러진 독특한 작품이 탄생한다. 레드 디어는 일찌감치 각 선수에게 가장 좋아하는 일과 가장 잘하는 일을 맡기는 대형을 구축했으며, 그것이 성공에 큰 역할을 했다.

협업은 마음 맞는 사람들을 찾아내는 것에서 시작된다. 모든 면에서 뜻이 일치할 필요는 없으나 미래에 대한 전반적인 전망을 공유하는 것은 중요하다. 대학 시절 친구, 사회에서 만난 동료, 지인의 지인 중에서 찾을 수도 있다.

공동 창업의 초기 단계에서는 흥분이 가시지 않는다. 꿈꾸던 일이 갑자기 실현된 기분이니까. 그러나 초기 몇 년간은 현실 감각을 잃지 않고 능력이 닿는 한 오래 버티는 것이 관건이다. 주변에 좋은 사람이 있으면 한결 견디기 쉽다. 성실하고 탄탄한 팀의 일원으로서 일을 해낼 때, 성취감이 배가된다. 언젠가 추억이 될 일을 만들고 기록해 두자. 무엇보다 즐거워야 한다. 다음은 리오넬이 전하는 레드 디어의 창업 사연이다.

경험에서 얻은 것

건축 자격증을 딴 우리는 지체 않고 사업을 시작하기로 했다. 그동안에 프로젝트를 진행하는 법, 계약하는 법, 심지어 위험 부담 없이 회사를 운영하는 법까지 배워 두었다. 그러나 우리는 배운 것을 잊고 제멋대로 결정했다. 즉흥적으로 이름을 정한 것은 물론이고 생일 파티에서 술을 마시다가 각자 다니던 회사를 때려치우기로 했으며, 별난 디자인 프로젝트만 찾아다녔다. 오래지 않아 왕립 건축협회 3부 실무 교육에서 배웠던 가이드라인과 권장 사항이 신진 건축가를 재정적으로 보호하는 데에는 거의 무용하며, 사업 감각을 기르는 것과도 상관없음을 깨달았다. 그것은 건축가가 조금이라도 책임 있는 역할을 맡지 못하게 겁만 주었을 뿐이다.

사업가 정신은 위험을 무릅쓰는 열정에서 빚어진다. 우리의 열정은 무엇보다도 설계하고 제작하고 건설하고 생산하는 '행위'에 있었다. 우리는 '건축'을 명

〈빛 2.0, 버닝 맨 Lũz 2.0, Burning Man〉, 2014

사가 아니라 동사로 여겼다. 실패의 두려움에 제한받지 않고 도리어 두려움을 추진력으로 삼았다. 성공은 행하는 과정에 있다. 그러면서 열정적으로 하면 결과적으로 수익이 생긴다는 것을 깨달았다. 설령 그렇지 않더라도 최소한 즐거움을 주거나 실질적인 발전의 계기가 된다.

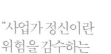

레드 디어의 스튜디오 풍경

우리의 디자인은 대부분 하나의 단일한 아이디어에서 출발한다. 이어서 셋이서 함께 그 아이디어를 이리저리 밀고 당기고 찢고 붙이다 보면 뜻밖의 관점과 기량이 우리 안으로 들어온다. 그 과정이 늘 단순하지는 않았지만 지금까지 우리가 내놓은 최고의 디자인과 가장 기억에 남는 경험은 모두 팀으로 해낸 것들이다. 요즘 건축 업계는 건축가에게 여러 역할을 감당할 것을 요구한다. 사업 경영과 법률상의 문제까지 포함되기도 한다. 그사이 점점 한계에 이르고 종국에는 설계라는 본연의 업무를 손에서 놓게 된다. 우리 역시 스스로 길을 만들고 실수에서 배우기를 원했지만 그 방법으로 셋이서 공통의 열정을 가지고 함께 일하는 것을 선택했다. 그것이 회사 내부에서 더 효과적으로 역할을 분담하여, 각자 좋아하는 일에 더 많은 시간을 쏟을 수 있다고 판단했기 때문이다.

> "사업가 정신이란
> 위험을 감수하는
> 열정에서 비롯된다."
> _리오넬 레알 데 아수아

선배의 조언

나는 아직도 너무 젊고 부족하기 때문에 후배들에게 조언할 입장은 아니라고 생각한다. 하지만 최근 시간의 중요성과 덧없음을 마음 깊이 느끼고 있다. 시간은 한번 낭비하면 다시는 돌이킬 수 없다. 그래서 현명하고 생산적이고 즐겁게 시간을 보내려고 더 노력하고 있다. 전통적인 방법을 거부하면 정상은 더 높아지고 바닥 또한 더 깊어진다. 하지만 궁극적으로 자유롭고 주체적으로 살아가고 있으며 그것이 가장 행복하다.

Advice
공동 작업의 진정한 가치에 관하여

디자인 그룹 스튜디오 위브Studio Weave의
마리아 스미스Maria Smith가 말하는 팀 업

스튜디오 위브는 2006년에 탄생했다. 그 계기는 그들이 왕립 건축협회의 1부 자격증을 공부하는 과정에서 수행한 현장 프로젝트 '140개의 부메랑140 Boomerangs'이었다. 그 해에 런던 건축 비엔날레(현 런던 건축 축제)의 일환으로 런던 도심의 공공장소에 설치한 작품이 스튜디오 위브의 첫 프로젝트가 되었다.

이 작업에는 초등학생부터 경험 많은 프로젝트 매니저까지, 수많은 사람이 모여 한 팀으로 일했다. 우리는 이 프로젝트에 함께한 모든 이에게 많은 것을 배웠으며, 무엇보다도 대학에서는 제대로 이해할 수 없었던 협업의 가치를 알게 되었다.

원래 이 프로젝트는 런던 메트로폴리탄 대학의 '프로젝트 오피스Project Office' 후원으로 학생들이 수행한 설치 작품의 하나였다. 프로젝트 오피스(이후 ASD 프로젝트로 바뀌었고, 지금은 카스CASS 프로젝트가 되었다)는 앤 마키Anne Markey가 이끄는 산학 협력 건축 회사로, 2004년 학생들의 현장 프로젝트 수행을 지원하기 위해 설립되어 산업보상보험부터 정신 건강 관리에 이르는 각종 사안에 대해 매우 유용한 지원을 제공했다.

우리 역시 이 기관의 도움으로 무료 법률 상담, 재료 협찬, 런던 시의 현금 후원, 수많은 건축과 공학 분야 회사의 소액 지원 등 다양한 출처의 재정 지원을 확보했다. 이 프로젝트는 수많은 사람의 선의가 모인 덕분에 실현될 수 있었다. 공정을 기하기 위해 덧붙이자면 '140개의 부메랑'은 경제 위기가 닥치기 전인 2006년 여름에 완성되었다. 모금은 언제나 어렵지만 당시만 해도 현물과 현금 양쪽으로 후원받는 것이 아예 불가능하지는 않았다.

그때 우리에게 '140개의 부메랑'은 딱히 창업의 계기라기보다는 중요한 교육적 경험의 성격이 짙었다. 그러나 우리는 이 프로젝트를 진행하면서 몇몇 계약을 맺고 그로부터 후속 작업의 기회를 얻었다. 그리고 경험을 통하여 어떤 시점에 팀을 이루어야 하는지를 깊이 각인시켰다.

이후 실로 넓은 범위의 아티스트와 컨설턴트 및 작곡가, 일러스트레이터, 작가, 경제학자, 교육자, 여러 분야의 공학자, 조경건축가, 장인, 제조업자, 소품 제작자, 돛 제작자, 제염업자 등의 생산자와 함께 작업해 왔다. 그들의 풍요로운 힘은 우리 프로젝트에 근사한 영향을 미쳤다.

최근 몇 년 사이, 현장 프로젝트형 교육이나 회사의 실제 업무에서 일을 배우는 방식에 대하여 이런저런 이야기가 나오고 있다. 특히 갈수록 비싸지는 등록금을 고려하면 우려의 목소리가 들릴 법하다고 생각한다. 그에 비하면 우리는 운이 좋았다. 왜냐하면 프로젝트 오피스로부터 기술 지원을 받았을 뿐만이 아니라 건축과 학장 로버트 멀 Robert Mull이 담당하는 자유 연구 과정(학생들이 직접 프로젝트를 구성하는 수업)에서 학문적 자유를 누렸다.

덕분에 우리는 '140개의 부메랑'을 논문 청구 작업으로 수행했고, 가상의 클라이언트만이 아니라 실제 클라이언트를 함께 끌어옴으로써 협회의 2부 자격증을 획득할 수 있었다. 한편 장기간 한 중등 교육 캠페인 단체와 함께 일하면서 런던 캠던Camden 구 남부에서 새 학교의 부지를 물색하고 타당성 연구를 진행하는 데 힘을 보태기도 했다. 이 협업은 모두에게 유익했다. 우리에게는 최소한의 자원으로 클라이언트에게 무료 서비스를 제공하면서 실세계에 존재하는 관계와 제약에 관해 배우는 기회가 되어 준 것이다.

이 경험 이후로 나는 교육과 건축 사업이 보다 잘 연결될 수 있다고 믿게 되었다. 그러나 자주 논란이 되는 '견습'이라는 개념은 전적으로 학생들이 아이디어를 탐색하도록 보호하는 환경을 두고 너무 멀리 벗어난다는 점에서 위험을 내포한다.

건축 업계를 구성하는 수많은 외부적 힘들로부터 고립된 교육, 그리하여 학생을 다양한 협업 주체로부터 소외시키는 교육은 치명적인 약점을 가진다. 터무니없이 비싼 작업비가 건축 교육을 재검토하자는 목소리에 힘을 실어 주는 면도 있겠지만 나는 대학이 협업의 가치를 이해하는 것, 도움을 구해야 할 적절한 시점을 아는 것, 그리고 컨설턴트나 도급업자를 마땅히 존중하는 것을 한층 더 강조함으로써 학생들을 더 잘 채비하여 사회에 내보낼 수 있다고 생각한다.

오랫동안 지속할 수 있는
자신만의 아이템에 집중하라

그래픽 디자이너 제로퍼제로

Zeroperzero

외향적이고 적극적인 사람이 성공하고 주목받는 시대다. 무작정 고객을 찾아 나서 제안서를 보여 주었더니 일을 맡겼다는 무용담이 넘쳐 난다. 동물적인 감각이 빛을 발하는 정글 같은 사회에서 10년 가까이 식물처럼 묵묵히 자신의 자리를 지키며 살아남은 디자인 스튜디오가 있다. 조용하고 내성적이며 수줍음 많은 이들은 클라이언트 작업에 올인 하기보다 자체 디자인을 제품화한 프로젝트에 집중한다. (그렇다고 클라이언트 작업을 마다하는 것은 아니다.) 서울, 도쿄, 뉴욕 등 대도시의 특징을 그래픽적으로 풀어낸 지하철 노선도 작업인 〈레일웨이〉 시리즈는 제로퍼제로가 10년 동안 꾸준히 몰두하고 있는 대표 작업이다. 대학 선후배로 만나 부부가 된 두 사람은 2008년 졸업과 동시에 디자인 스튜디오를 열었다. 신입사원이 되어야 할 나이에 곧장 사회에 진출한 그들. 그동안 크고 작은 위기를 만났지만 자신들처럼 조용히 유유히 헤쳐 나가고 있다.

극지방에서 캠핑하는 장면을 그린 〈캠핑〉

"오래 작업할 수 있는
나만의 아이템이 있어야 한다.
사소한 부분이라도
다른 사람은 못하는 아이템.
시간을 두고 갈고 닦으면서
그것을 점점 단단하게
만들어야 한다.
결국 독창성이 핵심이다."
_제로퍼제로

디자인 스튜디오를 열고 제일 힘들었던 점은 무엇인가?

모든 디자인 스튜디오는 자신의 디자인을 제품화해
서 판매하고 싶은 욕심이 있다. 하지만 이를 위해서는
자본이 뒷받침되어야 한다. 실제로 독립 디자인 스튜
디오를 유지하기 위해 클라이언트 작업을 통한 수익
에 의존하다 보니 결국 우리 작업은 뒷전으로 밀렸다.
우리 작업을 하기 위해서는 클라이언트 작업이 반드
시 선행되어야 하는 상황에서 오는 고민이 컸다. 또 대
학을 졸업하고 바로 사회로 나왔기 때문에 냉정히 말
해 초반에는 역량이 떨어졌던 것이 사실이다. 클라이
언트의 요구가 무엇인지 정확히 알아차리지 못해 종
종 시행착오를 겪었다. 조직 안에서 일할 때는 상사나
선배의 도움을 받을 수 있지만 우리는 그러지 못했다.
지금은 많이 안정화되었지만 클라이언트와의 관계는
경험하지 않으면 알 수 없는 부분이 많다.

2000년대 중반부터 그래픽을 중심으로 소규모 디
자인 스튜디오가 봇물 터지듯 생겼다. 독립 전선에 뛰
어든 20-30대 디자이너가 많다. 2000년대 중반에는
디자인 스튜디오를 열어 소위 '대박'이 날 수 있다는
장밋빛 미래에 대한 기대가 컸다. 디자인 스튜디오의
활동은 크게 클라이언트 일과 자체 제품을 제작해 국
내외에 판매하는 일로 나뉜다. 동기나 선배 중에 학교
에 다닐 때부터 스튜디오를 창업해 지금은 중소기업
정도의 회사로 발돋움한 선례가 몇 있다. 그런 부분이
2000년대 후반에 디자인 전공 학생들을 자극하지 않
았을까. 거기에 당시 서울 시가 정책적으로 전면에 '디
자인'을 내걸면서 지자체와 정부 차원의 디자인 지원
사업이 쏟아져 나왔다. 해외에서도 한국에서 선보이
는 디자인 관련 제품에 흥미를 보였다. 이와 같은 전반
적인 사회 분위기로 디자인 스튜디오의 생존을 낙관
했지만, 현재는 거품이 많이 꺼진 상태라 마음의 준비
를 단단히 해야 한다. 그럼에도 여전히 디자인 스튜디

오를 통해 독자적인 활동을 하는 젊은이가 많다. 솔직히 지금은 산업에 대한 기대감보다 자기만족을 위해 독립하는 경우가 대다수다. 디자이너 입장에서는 스튜디오 규모가 커질수록 일도 많아지고 매출도 늘어나기를 기대한다. 하지만 최근에는 불안정한 수익 구조와 예기치 못한 상황들로 스튜디오가 오래 살아남기 힘들다는 것을 많이들 깨달은 듯하다. 어차피 큰돈을 벌지 못할 바에는 내가 하고 싶은 일을 하며 생활을 꾸려 나가는 것에 중점을 두는 사람도 많아졌다. 소규모보다 더 작은 1-2인 스튜디오가 많아진 이유다.

진솔의 일러스트레이션
〈엄마와 딸〉 시리즈 엽서 세트

〈레일웨이〉 시리즈를 빼놓을 수 없다. 어떻게 시작하게 되었는지, 그리고 오랫동안 사랑받는 이유는 무엇이라 생각하는지?

　2006년 김지환이 교환 학생 자격으로 도쿄에 있는 타마 미술대학에 갈 기회가 생겼다. 그때 학교에서 진행한 프로젝트가 도쿄 관련 기념품 만들기였다. 현지인도 헷갈릴 만큼 복잡한 도쿄 지하철 노선도를 외국인 디자이너가 재미있게 풀어 보면 좋겠다는 가벼운 마음에서 출발한 프로젝트로, 일장기를 모티프로 커다란 원을 주제로 하여 디자인했다. 2007년 1차 디자인을 포스터로 제품화해 졸업 전시회에 선보였는데 반응이 폭발적이었다. 이후 서울, 오사카, 뉴욕 등 계속 도시를 추가해 제작하면서 '지하철 노선도'가 제로퍼제로의 대표 작업이 되었다. 우리는 지하철 노선도를 아트와 디자인의 중간 지점에서 접근했다. 기존 노선도의 명확성에 예술 작품 같은 심미성을 더한 아트 프린트를 지향했다. 처음에 포스터 크기로 제작한 이유다. 이후 구매자들의 피드백을 반영해 여행 때 휴대용으로 접어 다닐 수 있는 사이즈로 확대 제작했다. 지하철 노선도만으로는 정확한 지리를 파악하기 힘들기 때문에 실제 지도와 결합한 시티 맵도 출시했다. 10년

가수 성진환이 직접 의뢰한 그의 솔로 앨범
'베이비 버드BABY BIRDS' 커버

동안 '지하철 노선도'라는 한 가지 아이템을 파고들면서 끊임없이 주변 반응을 살피고 모자란 부분을 보완해 나가며 완성도를 높이고자 했다. 물론 여전히 진행형이다.

서울 외에도 세계 여러 도시의 디자인 전시에 참여했다. 얻은 것이 있다면?

제로퍼제로가 신생 스튜디오로 활동하던 시기에는 정부와 지자체 차원에서 디자인에 대한 지원이 많았다. 여러 사업에 지원하고 참여하면서 '100% 디자인 도쿄', '뉴욕 기프트 쇼' 등 해외 전시에 연달아 나갈 기회가 생겼다. 직접 소비자와 클라이언트를 만나는 과정을 통해 디자인을 어떻게 상품화해야 하는지 배웠다. 우리의 작업을 좋아해 주는 사람들은 어려운 상황에서도 우리가 스튜디오를 유지할 수 있는 원동력이다. 현재는 정부 지원이 많이 줄어든 상태지만 관련 홈페이지 정보를 챙기고 동종업계 사람들을 만나 이야기를 나누다 보면 분명 기회가 생길 것이다.

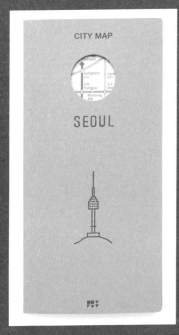

서울을 가로지르는 한강이 태극 문양이 되는 아이디어가
돋보이는 서울 지하철 노선도와 시티 맵

제로퍼제로의 아이덴티티는 무엇인가? 위기에 부닥칠 때 어떻게 돌파했나?

오래갈 수 있는 디자인을 하려고 한다. 결국 클라이언트와의 일은 단발적으로 끝나는 경우가 많다. 하나의 디자인이라도 장기간 꾸준히 다듬어 나가고 덧붙여 나가면 먼 훗날 봤을 때에는 뿌리가 튼튼한 작품이 되어 있을 것이다. 〈레일웨이〉로 선보인 각 도시의 지하철 노선도 작업 역시 초반과 지금 디자인에 상당한 차이가 있다. 정보를 갱신하는 것은 물론이거니와 인쇄 품질, 사용자의 편의, 가독성 등을 미세하게 계속 매만지고 있다. 이렇듯 한 작업을 할머니, 할아버지가 되어서도 계속 하는 게 우리의 목표다. 경제적인 부분은 무시할 수 없다. 제로퍼제로 역시 진솔이 육아 휴직을 하면서 1년 동안 스튜디오 유지비를 많이 줄여야 했다. 겁 없이 스튜디오 규모를 키우면 예상치 못한 상황이 왔을 때 타격이 크다. 그래서 아직까지는 자체적으로 모든 걸 헤쳐 나갈 수 있는 규모 안에서 움직인다.

망원동에 위치한 제로퍼제로의 오프라인 매장으로
모든 작업과 포스터를 볼 수 있는 쇼룸

제로퍼제로의 *Advice*

• 디자인 전시를 통해 소비자와 직접 만나라. 그들의 반응에서 배우는 점이 분명 있다.

• 예상치 못한 상황에 대비하기 위해 적절한 규모를 유지하라. 규모를 키우면 유지비와 업무량만 늘어날 뿐이다. 자체적으로 해결할 수 있는 규모를 지키는 것이 중요하다.

• 자신만의 아이템에 시간을 투자하라. 시간이 쌓이면 기반이 튼튼한 아이템으로 성장할 것이다.

일하는 기쁨

전통에서 벗어나는 데에는 남다른 열정과 추진력, 그리고 뒤돌아보지 않는 결단력이 요구된다. 우리가 위험을 감수하고 색다른 것을 시도하는 이유는 단순하다. '가지 않은 길'을 아쉬워하고 살아가기가 더 어렵기 때문이다.

누구나 쉽게 고를 수 있는 선택지는 거부하라. 가능한 한 사람들의 발길이 닿지 않은 길을 선택하고 모든 면에서 의외성을 추구하라. 인생이라는 투수는 언제나 직구가 아니라 변화구를 던진다. 우리는 이 '허를 찌르는' 공을 받아침으로써 평범함을 탈피할 수 있고, 단 몇 번의 묘수로 삶에 생기를 불어넣을 수 있다. 그런 게 있다고 아는 것으로는 충분하지 않다. 스스로 찾아 나서야 하고, 그것들을 도발하여 나를 찾아오게 만들어야 한다.

크게 생각하기를 두려워하지 마라. 오히려 자신의 가장 이상한 아이디어들에 먹이를 주고 물을 주어 그것이 다른 누구도 꿈꾸지 못했던 야성적이고 불가사의한 아이디어로 자라게 하라.

마지막으로 만나 볼 이들은 두려움 없이 낙관하고, 우리가 선택한 분야를 집요하게 즐기고, 근성과 투지까지 갖추었을 때 경험할 수 있는 멋진 일들을 보여 준다.

기다림을 미덕으로 두지 말 것

아트 디렉터 겸 일러스트레이터 메가
Mega

'메가'라는 필명으로만 알려진 프랑스의 예술가는 자신의 꿈을 이루기 위해 극단적인(?) 수를 두었다. 그는 스스로에게 어떠한 한계도 설정하지 않았지만 '나는 어떤 일이든 할 수 있다'고 굳게 믿는다. 이 강력한 낙관주의와 자기 신뢰, 결의, 의지는 언제나 좋은 쪽으로 작용했다. 메가는 평범한 사람은 엄두도 내지 못할 일들을 해냈다. 무작정 대서양을 건너가고, 약간의 속임수까지 써 가며(물론 법의 테두리 안에서) 중요한 인물들에게 접근하여 그들의 마음을 얻어 냈다. 사람들은 스스로 기회를 만들기 위해 겁 없이 돌진한 젊은이를 기억했다.

메가는 출판물 아트 디렉션이 하고 싶으면 그것을 했고, 뉴욕에서의 경험과 발견에 관하여 책을 쓰고 싶으면 그것을 썼다. 다른 누구에게도 의지하지 않았으며, 누가 와서 일거리를 줄 때까지 기다리지도 않았다. 대신에 직접 일을 만들었다. 이를테면 자신의 기량과 지식을 선보이고자 책을 내면, 그것을 본 잡지사들이 그를 아트 디렉터로 고용하는 식이다.

모든 클라이언트와 고용인은 누군가에게 일을 맡길 때 그가 그 일을 잘할 수 있는지, 자신의 실력을 증명할 구체적인 근거가 있는지를 궁금해한다. 메가는 이 부분에 집중했다. 그는 강인한 의지와 끈기로 스스로 발판을 놓아 패스트푸드 가게 점원에서 곧 아티스트로 자립했다. 아트 디렉터라는 새로운 역할을 맡은 그는 프리랜서 일러스트레이터들 중에 마감을 지키지 않는 사람이 많은 것을 발견했고, 이것을 자신의 아트워크를 선보일 기회로 삼아 클라이언트에게도 유익하고 본인의 활동 범위와 포트폴리오도 넓히는 결과를 얻었다. 시장의 틈새를 발견하고 기회를 포착하여 누구보다 먼저 이름을 알리는 능력은 값을 매길 수 없이 중요하다. 한발 앞서 바쁘게 움직이는 자에게 미래가 있나니!

〈레질루스 메가스토어Lezilus Megastore〉

경험에서 얻은 것

대학 시절 나는 열정은 있었으나 돈이 없었다. 비행기 티켓을 사려고 6개월 동안 햄버거 가게에서 일하며 돈을 모았다. 그리고 마침내 뉴욕으로 날아가 음반 레이블이며 스케이트보드 제작사, 브랜드 본사 등 만나고 싶은 모든 사람의 사무실을 찾아갔다. 무작정 문을 두드린 뒤 기자 행세를 하며 이른바 뉴욕 언더그라운드 신을 이루는 다양한 인물을 인터뷰하고 있다고 했다. 그런데 이 엉뚱한 방법이 통했다! 내 열정이 신용을 샀고, 사람들은 나에게 문을 열어 주었다. 심지어 그중 몇 명과는 친구가 되었다.

이후 프랑스로 돌아와 많은 일을 했다. 그래픽 디자인에 관한 도서 『뉴욕이 법이다NYC Rules』도 그중 하나다. 나는 다시 한 번 사전 연락도 없이 모든 잡지사를 방문하여 내 작업을 보여 주고 책을 한 부씩 배포했다 (공짜를 싫어하는 사람은 없으니까). 그 후 굵직한 매체들이 한꺼번에 내 작품을 언급했고, 곧 한 잡지에서 나에게 아트 디렉터 자리를 제안했다. 나의 커리어는 이렇게 시작되었다. 친구들은 그때까지 계획만 하고 있었다. 하지만 그때 나는 '현장'에서 일하고 있었다.

무슨 일이 벌어졌나

잡지 아트 디렉터는 비주얼 전반을 책임진다. 가령 편집자가 송고한 기사를 읽으면서 내용에 어울리는 일러스트레이터와 사진가를 물색한다. 이 업계의 가장 고질적인 문제는 많은 이들이 마감을 사소하게 여긴다는 것이다. 그들의 작업물이 넘어와야 아트 디렉터가 레이아웃을 짤 수 있는데 말이다. 가끔 의뢰한 그림이 제때 들어오지 않으면 내 그림을 넣어 마감을 맞추기도 했는데 뜻밖에도 일러스트레이터로 이름이 알려졌고, 다른 잡지들에서 아트워크를 의뢰해 오기 시작했다.

"기회가 생길 때까지 기다리지 마라. 기회는 만들면 된다. 내가 보고 싶은 그림을 그리고, 내가 가고 싶은 이벤트를 열고, 내가 읽고 싶은 책을 써라."
_메가

나를 다시 발명할 것

디자인 스튜디오 스튜디오가아스
Studiogaas

구스타보 알메이다산토스Gustavo Almeida-Santos는 언제나 가보지 않은 길을 택하고 모든 반전을 기회로 삼았다. 그는 자신의 삶 자체를 실험했다. 이런 대담한 행보가 모두에게 적용 가능한 이상적인 삶과 일의 방식은 아닐 것이다. 그러나 그는 두 번 생각하지 않았다. 모든 변화가 새로운 것을 배우고 자신을 재발견하는 기회가 되었다. 재정적으로 위기에 처해도 더 큰 용기를 내고 생존 감각을 발휘했지, 주저앉지 않았다.

구스타보에게는 펠로우십fellowship* 수상이 기폭제 역할을 했다. 그는 도저히 그 기회를 흘려보낼 수 없었다. 누구나 인생의 어느 순간에 그런 결정적인 표지판을 발견한다. 그러나 모두에게 그런 운이 따르지는 않을 테고, 그보다는 모호하고 어렴풋하고 수수한 기회에서 출발하는 경우가 대부분이다. 중요한 것은 언제나 깨어 있는 것, 자기만의 포부를 가지는 것이다. 눈을 감은 채 아무것도 생각하지 않으면 어떤 기회도 발견할 수 없다.

---

* 장학금의 일종

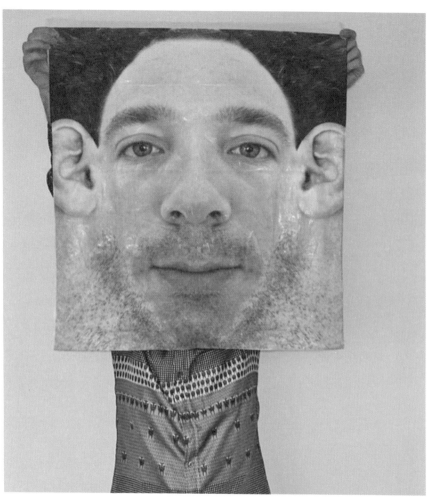

〈얼굴 쓰레기 봉투Skin trash bag〉

경험에서 얻은 것

작업실이 있고 친구들이 있고 안정적으로 생활할 수 있는 보금자리를 떠나기로 한 것은 우연한 결정이 아니었다. '가지 않은 길'을 놔두고는 도저히 앞으로 나아갈 수 없었기 때문이다. 내가 가진 모든 것을 포기하고 새로운 일을 '될 때'까지 시도하면 어떤 일이 일어날지 알고 싶었다.

1999년에 한 단체의 펠로우십에 선정되면서 시작되었다. 바르셀로나, 밀라노, 베오그라드 중 한 곳을 택할 수 있었는데 세르비아의 수도 베오그라드를 택했다. 그게 가장 덜 빤한 선택 같아서였다. 나는 그곳의 작은 건축 스튜디오에 들어가 UN의 간섭으로 우리 모두(외국인 학생과 펠로우)가 세르비아 밖으로 쫓겨날 때까지 일했다. 이후 브라질로 돌아와 가진 것을 전부 팔고 친구와 함께 휴가를 보내려고 로스앤젤레스로 향했다. 그곳에서 10년을 머물면서 마침내 돌파구를 찾고 하고 싶은 모든 것을 했다. 아트 스쿨에 다니고, 미국 회사에서 일하고, 프로젝트를 진행하고, 갤러리에 작품을 전시하고, 사람들을 만나고, 각종 소프트웨어의 사용법을 익히고, 기술로 실험하고 등등. 10년이 지나자 다시 한 번 나를 '재발명'하고 싶은 충동을 느꼈다. 미지의 상황에 스스로를 몰아넣고 싶었다. 그때 알제리의 프로젝트가 기회로 다가왔다. 나는 두 번 생각

간이매점 디자인 〈탱큐Tanq〉

하지 않았다. 하지만 실행까지는 그 일을 추진하는 비영리 기구가 내 제안을 선택하도록 설득해야 하는 등의 복잡한 사정이 있었다. 4개월 만에 프랑스어를 배우는 것도 쉽지 않았다.

그다음 행선지는 스페인이었다. 당시 나는 가정을 꾸린 상태였고 경제 위기에 빠진 낯선 나라에서 나 자신을 다시 발명해야 했다. 나처럼 삶을 여러 번 처음부터 다시 시작하려는 사람에게 가장 큰 문제는 '재정 위기'다. 그러나 위기는 용기와 생존 감각을 자극하고 두려움을 물리치기도 한다. 스페인에서는 예술, 디자인 전시, 디자인 상점 등과 관련된 일을 찾았고, 석사 학위를 받은 뒤에 패션쇼 연구로 박사 과정을 시작했다.

호주 브리즈번 퀸즈랜드 아트 갤러리에서 시행한 텍스타일 디자인

선배의 조언

누군가에게 포트폴리오를 보여 주어야 할 때, 강조할 것은 기술적 능력이 아니라 아이디어다. 부모님은 안정된 회사에서 안정된 직장을 구하라고 하겠지만 그 말을 들어서는 안 된다. 안전지대를 벗어나라. 그 계기가 마다가스카르에 있는 이상하지만 재미있는 일자리라고 해도 나쁠 것 없다.

학교는 멋진 곳이다. 어마어마하게 많은 것을 배울 수 있다. 하지만 학교에는 그곳만의 규칙이 있고, 결국 사업체임을 명심하길. 관습적인 경로를 전복하고 싶다면 자신의 커리어를 완벽하게 이해한 뒤 싸움에 나서야 한다. 즉, 충분한 경험이 있어야 한다. 실패도 경험하고, 똑같은 일을 될 때까지 반복하는 경험도 해야 한다. 행복한 삶과 건강한 정신을 위해 가장 좋은 것을 찾아내려면 나 자신부터 정확히 파악해야 한다. 전통을 전복하려면 정체성과 직업 양면에서 탄탄한 기반을 갖추어야만 한다.

"행복한 삶을 위해 가장 좋은 것을 찾아내려면 스스로부터 명확하게 파악해야 한다."
_구스타보 알메이다산토스

나에게 이로운 변화를 찾을 것

건축 영상 제작 회사 아버클 인더스트리즈
Arbuckle Industries

데이비드 크랜츠David Krantz와 함께 아버클 인더스트리즈를 창립한 이언 해리스Ian Harris는 3년 만에 건축 업계를 떠났다. 그는 대중이 건축을 바라보는 시선과 건축에 개입하는 방식에 심각한 빈 공간이 있다고 생각했다. 이 때문에 더 이상 건축 일에 만족감을 느낄 수 없었으며, 이윽고 스스로 변화를 이루는 쪽으로 방향을 돌렸다.

이언은 영화의 스토리텔링을 통해 긍정적인 변화를 촉진하는 작업에 열정을 느끼고 대중의 참여와 인식을 목표로 카메라를 들었다. 그리고 전 직장 동료인 데이비드를 끌어들여 대중의 인식과 건축가의 현실 사이에 존재하는 간극을 좁히고자 건축 학교에 관한 영화를 찍기 시작했다.

두 사람은 이 시장에서 완벽한 틈새를 발견하고 사활을 걸기로 했다. 직장을 그만두고 가족에게 돈을 빌린 뒤에 포트폴리오에 포함시킬 수 있는 것이면 무슨 일이든 했다. 이처럼 초반에는 이상과는 거리가 있는 일도 맡아야 할 때가 있다. 그러나 거기에서 오는 가속도는 강력하다. 이언 해리스가 느리게 시작하여 점점 속도를 올리며 지속적인 성장 단계에 접어든 아버클 인더스트리즈의 이야기를 전한다.

영화 〈아키컬처Archiculture〉 촬영 현장

영화 〈아키컬처〉 포스터

경험에서 얻은 것

오하이오 디자인 스쿨을 막 졸업한 건축학도였던 나는 진창 같은 바닥과 황홀한 정상을 오가는 기나긴 여정을 지나 뉴욕 시에 있는 영상 제작사의 공동 사장 겸 프로듀서 겸 업무부장이 되었다. 그 모든 것은 나와 마찬가지로 갓 사회에 나온 친구가 건축 학교에 관한 다큐멘터리 영화를 만들자고 제안하면서 시작되었다. 놀랍게도 아직 아무도 그런 영화를 만들지 않았다는 것을 알고 우리는 생각했다. "우리가 만들면 되지!"

기본적인 영상 제작 기술을 익힌 다음에 소규모 회사들과 친구, 가족에게서 최대한 자금을 모으고 하던 일을 그만두었다. 건축가로서의 평탄한 커리어를 포기한 것이었다. 그사이 경기 침체가 닥치면서 주요 협력 업체와 협업자에게 기만당하는 사건이 벌어지기도 했다. 극도의 고립감을 느낀 우리는 아이디어를 실현하기 위해 모든 사람, 그리고 모든 일을 떠났다.

처음에는 웹 사이트, 그래픽 디자인, 사진 등 우리가 할 수 있는 모든 일을 하면서 영상 제작에 초점을 맞추었다. 때로는 우리가 하고 있는 일에 확신이 서지 않았지만, 어쨌든 우리가 믿는 일을 하고 우리의 창의적인 재능으로 무언가를 만들어야 했다. 현재는 안정적인 사업체로 성장하여 뉴욕의 선두적인 건축 영상 제작 회사로서 세계를 누비며 활동하고 있다.

다른 사람을 통해 직업과 창작의 행복을 추구하는 것은 나와 맞지 않다. 모든 회사는 이름, 로고, 브랜드 뒤에 사뭇 모호하게 존재한다. 목표를 이룰 수 있는 최적의 환경과 문화를 찾아가는 데에는 시간이 필요하다. 그러나 나는 너무 급했다. 결국 가장 중요한 것은 성취감이건만 건축 산업은 나에게는 너무 느리게 느껴졌던 것이다. 게다가 감정을 배제하고 사용자의 경험을 무시한다. 그래서 이 거대한 배에서 내려 내가 선장이 되기로 했다. 자신이 하고자 하는 일을 다른 사람이나 회사가 벌써 하고 있다면 그들과 함께 일하면 된다. 아직 아무도 하지 않았다면 내가 하면 된다.

선배의 조언

나이가 들수록, 전문가로서 경험이 쌓일수록, 조직적이고 집중적인 팀워크와 브레인스토밍, 그리고 그 결과를 직접 반영하는 실무 중심적인 자원 운용이 얼마나 중요한지 실감한다. 건축가는 오케스트라 지휘자와 같다. 고도의 기량을 가진 인재들을 한데 모아 예기치 않은 복잡한 문제들을 해결하는 동시에, 그 해법이 결실을 맺도록 적재적소에 자원을 편성하고 지시를 내리는 사람이라는 뜻이다. 과거에는 도편수가 설계와 건설 공정 전체를 이끌었지만 이제 우리는 그런 식으로 일하지 않으며 사회의 요구도 달라졌다.

2008년의 경제 붕괴가 아직 일자리를 구하지 못한 수많은 젊은 건축가에게는 기회이기도 했다. 그들은 두각을 드러내며 비전통적인 비즈니스 모델로 신규 클라이언트를 창출하기 시작했다. 건축가는 사무실에서 나와 지역으로 들어가서 문제를 해결하고, 지역 주민의 더 나은 삶과 건축 경험을 보장하는 환경을 구축할 의무가 있다.

내 경우엔 내가 원하는 종류의 일과 목표를 추구하고 싶어 회사를 차렸다. 사업체를 키우는 데에서 큰 보람을 느끼지만 회사 운영은 늘 위험 부담과 불확실성이 있다. 스스로의 정체성과 생활 방식에 잘 맞는 일을 찾아라. 대신 나이가 들고 연륜이 깊어지면서 정체성과 생활 방식이 달라질 수 있다는 것도 잊어선 안 된다. 내면의 목소리를 솔직하게 듣고 지금 하는 일에 신념을 가진다면 진로는 얼마든지 개척할 수 있다. 선배나 지인, 업계 종사자 가운데 나를 도와줄 든든한 협력자를 만날 것이니 그들과 발전을 도모해도 좋다.

아버클이 제작한 〈로버트 드 니로Robert de Niro〉

"내가 하고자 하는 일을
다른 회사가 벌써
하고 있다면?
그들과 함께하면 된다.
아직 아무도 하지 않았다면?
내가 하면 된다."
_이언 해리스

세계를 당신의
학교로 삼을 것

신개념 건축 및 디자인 회사 썸띵 앤 선
Something & Son

잘하는 것만 하고 살면 얼마나 좋을까. 그러나 썸띵 앤 선은 그렇지 않다고 말한다. 앤드루 메리트Andrew Merritt와 폴 스미스Paul Smyth는 새로운 의뢰를 받을 때마다, 새로운 계획을 논할 때마다, 그것을 새로운 기술과 지식을 배울 기회로 생각한다.

아트 스쿨과 디자인 스쿨 학생들은 세부 전공을 선택하기 전에 기초 필수 과정을 들으면서 가장 많은 것을 배우고 또 자신이 가장 잘하는 일을 탐색한다. 썸띵 앤 선은 그들의 직업 생활 자체를 일종의 '기초 필수 과정'으로 생각한다. 예술을, 디자인을, 건축을, 그리고 '무언가'를 늘 배우기 때문이다.

배움은 학교에서 끝나지 않는다. 계속해서 자신을 계발하고, 지식 범위를 확장하고, 디자인 산업의 여러 분야를 최대한 경험하는 것이 낫지 않을까? 모든 영역을 섭렵하지는 못하더라도 하나쯤은 잘하게 될 것이다. 앤드루의 이야기를 들어 보자.

피시 앤 칩스 비닐하우스, 포크스톤 트리엔날레Folkestone Triennial

"모든 기회를 놓치지 말고
최대치의 결과를 뽑아라.
1천 파운드(약 150만 원)짜리
프로젝트를
1만 파운드짜리
프로젝트처럼
보이게 만들어라.
그러면 1만 파운드 작업이
들어오고,
그다음에는……."
– 앤드루 메리트

썸띵 앤 선이 진행한 '바킹 목욕탕' 프로젝트

경험에서 얻은 것

나는 아무 회사에도 취직하지 못했다. 그럴 생각도 없었다. 애초에 나는 아이디어를 쫓아다니는 사람이고, 회사는 아이디어를 쫓아다니는 사람을 채용하지 않는 법이다. 마음만은 감독이고 사장이고 창립자인 사회 초년생을 누가 쓰겠는가? 나를 고용할 사람은 나밖에 없었기에 홀로 서서 직접 시작해야 했다.

한 프로젝트를 완료하면 새로운 것이 남아야 한다고 생각한다. 그래서 썸띵 앤 선은 경험한 적이 없는 어려운 일에 스스로 뛰어들 때가 많다. 더 어려운 길을 택하는 것이지만, 그 끝에는 훨씬 만족스러운 결과가 기다리고 있다. 그사이 우리의 지식과 기술도 발전해 있다.

런던 댈스턴Dalston에 있는 도심 속 농작 공간으로, 농촌과 도시의 유대를 강화하기 위해 시작된 '농장: 상점FARM: shop' 프로젝트를 맡았을 당시 우리는 농업이나 그것에 수경재배를 접목시키는 식의 미래 기술에 전혀 지식이 없었다. 게다가 다른 일도 진행하고 있었고 할당된 예산도 적었다. 그러나 무료로 쓸 수 있는 공간이 주어졌고 명확한 아이디어를 가지고 있었기에 도전하기로 했다. 우리의 아이디어가 시대정신을 건드린 덕분에 국제적인 미디어들이 찾아오기 시작했고, 이 기회를 놓치지 않고 어서 일을 키우고 널리 알리라고 사람들을 설득하기 시작했다. 그 결과 현물 지원과 기부를 통해 예산을 처음의 5천 파운드(약 750만 원)에서 8만 파운드(약 1억2천만 원)로 올렸다. 또 원래대로라면 이곳은 세 달 후에 없어질 예정이었지만 5년이 훨씬 지난 2017년에도 그대로 있으며, 지방 의회를 위해 임대료에 해당하는 수익을 거두고 있다.

'바킹 목욕탕Barking Bathhouse' 프로젝트를 맡았을 때에는 건물 설계 경험이 전혀 없었다. 우리가 건축가는 아니었지만 우리 아이디어에는 건축 작업이 필요했다. 넉넉한 예산 덕분에 7개월 만에 실제 온천과 똑같은 기능을 갖춘 대중 시설을 건설할 수 있었다. 우리는 건물과 인테리어를 설계하고, 각종 설비와 실험적인 온천욕 경험을 고안하고, 건설 공정을 감독하고, 휴양 시설 자격증을 취득하고, 바텐더부터 네일 아티스트까지 필요한 모든 직원을 채용하고, 웰빙과 관련된 일련의 이벤트를 기획하고, 입장권을 판매하는 웹 사이트를 만들었다. 입장권 판매 수익으로 손실을 충당하지 않아도 되었으므로 바킹 구 주민은 2파운드(약 3천 원), 타 지역 주민은 그 4배를 입장료로 책정할 수 있었다.

맨 위: 〈한증막 예배당Sweat Oratory〉
위: '바킹 목욕탕' 프로젝트 중 자갈 구역

썸딩 앤 선 외에 두 사람이 더 참여한 '메이커버시티 Makerversity'는 서머셋 하우스 내의 약 1천900m²의 공간을 창의적인 인재들이 배우고 만드는 공간으로 바꾸는 프로젝트였다. 문제는 예산이 전혀 편성되지 않았다는 데 있었다. 그래서 이 일에 우리의 시간과 노력을 투입할지 여부를 고민했으나 결국 하기로 했다. 첫 4개월 동안은 돈을 받지 않았다. 그런데 갑자기 자금이 유입되기 시작했다. 사람들이 작업 과정 초반부터 이 공간을 이용하기 시작했던 것이다. 우리가 카펫을 까는 동안에 그들은 벌써 '메이커버시티'를 활용하고 있었다. 실로 근사한 경험이었다. 현재는 150명이 시설에 입주해 있고, 모든 공간이 잘 기능하고 있다.

선배의 조언

길게 생각하라. 프로젝트를 하나하나 완성할수록 포트폴리오는 점점 두꺼워질 것이고, 다른 이들이 포기할 때 더 많이 배울 것이다. 마지막까지 버티는 것은 당신 하나일 수도 있다. 목표를 위해서라면 어느 정도의 희생도 감수해야 한다. 가끔은 운이 좋게 훌쩍 성장할 때도 있지만 대개는 한걸음씩 이어 나가야 한다. 우리는 한 배에 탔다. 모두가 성공을 원하고 도움을 필요로 한다. 그러니 남을 돕는 동시에 스스로를 도와야 한다. 그 방법을 찾는 것이 관건이다.

Advice
내일이 기다려지는 삶

<u>건축 회사 프릭스FREAKS의 기욤 오브리Guillaume Aubry,
시릴 고티에Cyril Gauthier, 이브 파스케Yves Pasquet가 말하는 일하는 기쁨</u>

원래 우리 세 사람은 프랑스 밖의 각자 다른 건축 회사에서 일하고 있었다. 그러던 어느 날! 우리는 독립하여 회사를 차리기로 했다. 무슨 사업을 따낸 것은 아니었지만 프랑스 문화부가 주는 AJAP 상을 받은 것이 계기였다. 우리의 첫 단추는 (다른 많은 경우와 달리) 건축 프로젝트가 아니었다는 점을 강조하고 싶다.

우리는 회사를 차린 뒤에야 프로젝트를 찾아 나섰다. 이런 상황에서 가장 필요한 것은 '노동의 즐거움'이다. 스스로 열정과 동기를 찾아내지 않으면 돈도, 업계의 호평도 큰 힘이 되지 않는다. 이제 막 시작한 젊은 회사는 배짱과 신념을 연료로 한다.

열정만으로 회사를 차려도 얼마든지 성공할 수 있

다는 말이 낭만적일 수도 있겠다. (나 역시 그것이 상식처럼 통했으면 좋겠다.) 이 세상에는 수많은 건축가가 있다. 그렇기 때문에 일을 잘해야 하는 것은 기본 가운데 기본이다. 특히나 요즘에는 모두가 인터넷에서 쏟아져 나오는 비슷비슷한 건축 이미지를 영감으로 삼는다. 그 결과 건축가들은 점점 더 획일적인 건축 양식을 대량으로 쏟아 내고 있다.

우리는 건축계를 혁명하겠다는 막연하고 원대한 꿈은 꾸지 않는다. 그저 성실하고 영리하고 효율적인 방식으로 맡은 일을 묵묵히 해내고자 한다. 우리의 이야기는 건물이 완성되는 순간에 후반부가 다시 시작된다.

프로젝트를 기록하고 홍보하면서 여기에 얼마나 많은 노력을 기울이는지 모른다. 괜찮은 사진을 몇 장 골라 블로거나 잡지사에 보내는 방법도 있지만 그것은 너무 안이하다. 우리는 좀 더 밀어붙이고 싶다. 왜? 세상 사람들에게 우리의 훌륭함을 보여 주려고? 아니면 자신에게 얼마나 잘하고 있는지 증명하려고?

그보다는 훨씬 자기중심적인 이유에서다. 찍어 온 사진에 새로운 이야기를 붙이는 게 재미있어서. 우리가 지은 공간이나 건물을 우리가 직접 작동시키는 퍼포먼스는 더더욱 재미있다. 좋은 건축 사진은 어떠해야 한다는 관념을 비틀고 거부하는 것이 작업의 일부로 여겨질 만큼 큰 즐거움을 준다.

프로젝트의 규모나 수익이 어떻든 정말로 중요한 것은 정말 해내고 싶은 프로젝트를 선택하는 능력이다. 우리는 우리가 즐기면서 일할 수 있는 분야를 직업으로 선택한 것에 매우 만족한다. 하지만 어떠한 상황에서도 개인의 삶은 보호되어야 한다. 멋진 식당과 술집, 극장을 설계해 놓고 정작 자신은 생활의 일부로서 그런 장소를 만끽할 수 없다면 무슨 소용이겠는가?

대학을 가장 잘 다니는 방법

혹자는 말한다. 학교와 세상은 다르다고. 사회에서는 진짜 일을 하고, 그에 대해 보수를 받는다고. 학생의 작업은 학교 실습실, 강의실, 졸업 전시에만 잠깐 존재했다가 금방 사라지지만 진짜 세상에서는 진짜 일이 벌어진다고 말이다. 그러나 학교는 세상에 나가기 위한 리허설이 아니다. 학교는 자체로 하나의 세계다. 다른 종류의 일이 벌어지는 다른 종류의 장소다. 교육을 통해 세상에 나갈 준비를 한다는 개념은 반은 진실이고 반은 거짓이다. 학교가 학생을 당장 쓸 만한 사람으로 만드는가? 업계에 나가 당장 프로젝트를 완수할 수 있을 만큼 준비시키는가? 전혀 그렇지 않다. 그러나 그것은 학교의 문제가 아니다. 사회인은 오직 시간과 고된 경험을 통해서만 만들어진다.

팻 아키텍츠FAT Architects 창립자
현 샘 제이콥 스튜디오 대표
샘 제이콥Sam Jacob

누구를 위한 교육인가

학점과 학위가 교육의 전부는 아니다. 교육의 본질은 인간의 변화와 발전을 인정하고 이해하는 데 있다. 학생들은 해마다 고정적으로 공급되는 학교의 부속물이 아니라, 지식에 굶주린 살아 있는 개인이다. 따라서 교육자로서 우리의 목표는 학생들이 안심하고 공부할 수 있는 환경을 만들어 내는 것이다. 빠르게 변화하는 세계에서 같은 자리를 굳게 지키는 것은 신뢰의 바탕이 되는 동시에 그만큼의 위험도 내포한다.

디자인 업계는 우리에게 폭넓은 접근법으로 교육을 혁신할 것을 요구한다. 전통적인 접근법부터 급진적인 접근법까지, 그리고 그 사이의 다양한 스펙트럼을 동원하여 저마다 다양한 재능과 개성을 가진 학생들에게 충분한 배움의 기회를 제공하기를 요구한다. 학생이 깨달아야 할 중요한 사실은 모든 학생이 똑같지 않다는 것이다. 마찬가지로 교수나 대학도 똑같지 않다.

훌륭한 학생에게 교육은 자신의 소질과 목표, 세상에서 자신이 차지할 자리를 탐색하는 기회다. 어떠한 환경에서든 교육은 사회 발전의 한 중추기에 새해가 시작될 때마다 '대청소'로 스스로를 쇄신할 의무를 가진다. 훌륭한 교육자는 언제나 노력한다. 자신이 맡은 수업과 학생을 중요하게 생각하며, 강의와 사례 연구를 꾸준히 현대화하고 보강한다. 프로젝트 제안서를 타당성 있게 갱신하고, 그들 스스로 도전하고 발전한다. 사회와 문화의 변화를 수동적으로 따르기보다는 앞서서 주도하고자 한다.

교육 효과를 극대화하려면

고등학교까지의 배움은 주로 교사가 얼마나 의무를 다했느냐에 따라 달라진다. 반면에 대학 교육 과정에서는 성인인 학생에게도 큰 책임이 있다. 대학 교육은 능동적인 활동이지 수동적인 연습이 아니기 때문이다. 수업에 성실히 참여하고 듣는 것도 중요하지만, 그것은 어디까지나 시작에 불과하다. 대학에서 최대한 많은 것을 얻고자 한다면 '학생'이라는 삶의 방식에서만 가능한 모든 측면에 관심을 가져야 한다. 대학에서의 시간은 자격증이라는 장애물을 넘는 것과 같은 어쩔 수 없이 뛰어야 하는 경주가 아니다. 대학은 지적 모험을 위한 장소다.

학생이 등록금을 부담해야 하는 지역에는 교육을 상품에 빗대는 잘못된 고정관념이 자리 잡고 있는 것 같다. 정보는 강의와 세미나를 통해 교수로부터 학생에게 보급되는 것이 맞지만 그보다 더 넓은 범위에서 일상적으로 공식적이고 비공식적인 대화가 두루 이루어져야 한다.

작업실에서, 엘리베이터에서, 구내식당의 차례를 기다리는 중에서도 이루어지는 이 우연한 배움의 기회를 놓쳐서는 안 된다. 인생에 그처럼 다양하고 재능 있는 교육자들과 함께 생활하는 일은 다시없기 때문이다. 교수가 학생 개인을 더 잘 알수록 학생도 더 많은 것을 배울 수 있다. 교실에 앉아만 있고 쌍방향 교류에는 전혀 참여하지 않고서는 바라는 만큼 충분히 배울 수 없다. 그러니 수업에 들어가는 것만으로는 충분하지 않다.

학생은 듣는 법을 배워야 한다. 들리는 대로 듣는 것이 아니라 귀기울여 듣는 법을 익혀야 한다. 비판적인 듣기는 수동적으로 텔레비전이나 라디오를 듣는 것과는 전혀 다르다. 비판적 듣기에는 추가적인 노력이 요구된다. 어떤 이야기를 듣는 동시에 자신이 듣고 있는 내용에 대해 생각하기를 요구한다. 강의와 세미나, 개인별 수업을 비판적으로 듣는 능력을 키우는 좋은 방법은 노트 필기다. 입수한 정보를 그대로 축약해서 적는 것은 수동적인 듣기고 곧 망각에 이르는 지름길이다.

무언가를 배우려면 정보가 적어도 한 단계 이상의 변화를 거쳐야만 한다. 그래야 정보가 우리 뇌에 중요하게 입력된다. 가령 학생 시절에 (졸업 후에도 마찬가지지만) 나는 나에게 언어적으로 전달되는 내용을 도해로 전환하는 방법을 시도했다. 이 과정에서는 정보의 패턴을 파악하는 것이 핵심이다. 그러려면 어쩔 수 없이 정보 간의 관계, 유사점과 차이점을 찾아야 한다. 결국 생각하고, 듣고, 배우고, 질문하고, 평가하는 모든 행위가 동시에 이루어진다.

지식을 생산하려면 일단 정보를 입수해야 하지만 그 둘이 완전히 별개로 이루어지지는 않는다. 강의를 듣고 과제 읽기를 하면 정보는 생기지만 지식은 생기지 않는다. 간단히 말해 정보는 의미를 가진 데이터다. 지식은 인식의 개입, 작용, 분석을 요구한다. 정보로부터 지식을 생산하려면 나 또는 타인에게 의미 있는 방식으로 정보를 수집·대조하고, 그 안에 패턴이 있는지 검토·추측하는 지적 능력이 필요하다. 참된 의미의 지식을 가지려면 발로 뛰는 노력, 지식 속의 기술을 체득하는 노력, 주제와 관련하여 광범한 독서를 병행하는 노력, 시간을 들여 정보를 숙고하는 노력, 스스로 추가 정보를 찾아내는 노력이 병행되어야만 한다.

더 많은 정보를 가질수록 더 많은 지식을 생산할 수 있다. 우리는 늘 더 많은 것을 알 수 있고, 배움을 멈추어서는 안 된다. 또한 향후에 나를 고용할 사람도 나의 교육을 이어 나갈 의무가 있다. 미래에 고용인이 된다면 이 점을 반드시 기억하길 바란다.

우리는 개인으로서, 또 팀으로서 계속해서 성장할 때에야 유능하고 능률적이고 능숙한 직원이 될 수 있다. 훈련은 정보를 제공하지만 그것만으로는 발전을 보장하지 못한다. 기량은 배운 다음 연습해야 자기 것이 된다. 그렇기에 여러 디자인 분야를 다양하게 응용하는 연습이 필요하다.

디자인 교육에서 학생들이 가장 꺼리고 두려워하는 것 중 하나가 '비평' 경험이다. 비평을 가장 좋은 말로 설명하면, 정식으로 이루어지는 중요한 개인별 수업이다. 그러나 나는 학생들이 비평을 그보다 훨씬 투박하고 불쾌한 일로 간주하는 것을 자주 목격했다. 비평 경험에서 중요한 것은 필요한 만큼 준비하고, 침착하게 대응하고, (당신은 아직 슈퍼스타가 아니므로) 방어적인 태도를 취하지 않는 것이다.

가장 좋은 태도는 잘 듣는 것이다. 비평자의 조언을 그대로 따를 필요는 없다. 유용한 조언과 그렇지 않은 것을 구분하는 능력을 발휘함으로써 자신이 가진 프로젝트 및 개인적 성장을 주도적으로 이끌고 있다는 사실을 증명하면 될 일이다.

때로 우리는 전진을 위한 멈춤의 가치를 알아야 한다. 뉴턴은 케임브리지 재학 시절에 수많은 이론을 전개한 것으로 유명하다. 그런데 그보다 덜 알려진 사실이 있다. 그의 획기적인 업적 중 다수가 1660년대에 대역병이 발발하여 대학이 문을 닫았던 기간에 이루어졌다는 것이다. 도서관에 갈 수도 없고 교수들을 만날 수도 없었던 뉴턴은 하던 일을 모두 멈추고 생각할 시간을 얻었다. 그리고 그때 비로소 그간 배운 모든 것을 하나로 구성하고 그 사이에 존재하는 관련성을 찾아낼 수 있었다. 그 결과가 바로 뉴턴의 미적분학, 광학, 중력의 법칙 등이다.

우리는 학기 중에 쉬지 않고 공부한다. 방학 기간이 긴 것은 휴식을 취하고 체력을 회복하고 다른 삶을 경험하고 새 학기를 준비하라는 뜻에서다. 학생은 방학의 여유 시간을 현명하게 쓰고 균형을 찾아야 한다. 물론 지나치게 열심히 하면 탈이 날 수도 있다. 그러나 아무것도 하지 않는다면 추진력이 사라지고 정신이 굳어 버릴 것이다.

대학은 교수의 공동체일 뿐만이 아니라 모두의 공동체다. 그렇기는 해도 학생에게는 수천 명의 동료 학생보다도 수십 명의 교수진과 접촉하는 일이 보다 중요하다. 교수진이 제공하는 것을 최대한 활용하자. 정중한 태도로 중개 역할을 요청하고 필요한 것을 부탁하고 내 힘을 보탤 테니 당신의 기량을 가르쳐 달라고 청하자.

대학이 아니면 세상 어떤 곳에서도 대학에서처럼 그토록 다양한 장비와 물품을 무료로 이용할 수 없을 테니. 그러니 지금은 최대한 많은 것을 경험하고, 가능한 모든 것에 참여하길 바란다. 이것이 대학 교육을 통해 가장 폭넓게 토대를 다질 수 있는 방법이고, 가장 풍부한 정보를 가지고 장래를 계획할 수 있는 방법이다. 대학이 제공하는 다양한 교육 인력과 기관을 접하면서 실질적인 협업을 경험하고 창조적인 삶이 자신에게 어울리는지 가늠하라.

진짜 세상에 나갈 준비

세상 어느 디자인과의 편람 어디에도 학생의 '취직'을 위해 특별한 훈련을 제공한다는 조항은 나와 있지 않다. 대학은 생각하는 방법을 가르치지 무엇을 생각하라고 가르치지는 않는다. 대학은 배움을 경험하는 곳이지 기술을 연마하는 곳이 아니다. 대학을 마쳐도 배움은 끝나지 않는다. 졸업생은 평생 동안 교육과 실험을 이어 나갈 책임을 가진다. 이제는 세상이 학교가 되어 줄 것이다.

교육 시스템은 공장의 생산 라인이 아니며, 업계는 특정한 성분을 갖춘 졸업생을 주문하지 못한다. 그러한 접근법은 오히려 업계의 진보를 가로막을 것이다. 그런데도 업계 전문가와 미디어가 한목소리로 이와 같은 개념을 주장해 온 탓에 이제는 거의 모두가 그게 옳다고 믿는다.

포드의 창립자인 헨리 포드Henry Ford는 다음과 같은 유명한 말을 남겼다. "내가 소비자들에게 무엇을 갖고 싶냐고 물었으면 그들은 더 빠른 말을 원한다고 했을 것이다." 사람들에게 그들이 원하는 것이나 그들이 필요로 하는 것을 내놓는 것이 언제나 사회와 혁신을 위한 가장 영리한 대응은 아니다.

이 근본적인 문제가 풀리지 않는 이유 중 하나는 업계가 대학 교육이라는 시스템을 늘 온전히 이해하지는 못한다는 데 있다. 본질적으로 대학은 발명과 연구와 개발을 위한 장소로 혁신을 뒷받침하고 육성하고 보호하기 위해 만들어졌다. 다음은 대학의 고유한 철학을 강조하는 이들의 말이다.

"건축 교육과 관련하여 교수진들은 향후 '사무실 비품'이 될 학생들을 잘 생산하고 있는지, 늘 업계의 감시를 받는다. 좋은 학생은 일을 배우는 속도가 빠를 테고, 좋은 회사에 들어가면 그 즉시 매우 유용하게 쓰일 것이다. 그러나 내가 바라는 것은 더 넓은 의미의 상상력과 유연성, 효과적인 소통의 기술들이다. 모르는 것이 있으면 그것을 어디서 찾으면 되는지 알아낼 수 있는 사람을 기대하는 것이다."

— 윌 앨솝Will Alsop, 대영제국 훈장 수여자
왕립 건축협회의 스털링 상Sterling Prize 수상자

"우리는 업계에서 진작 구식이 된 '현실'을 기준으로 학생들을 교육하지 않는다. 또한 기술과 기량은 장기적인 연습과 실천을 통해 발전한다. '현대성'을 자임하는 회사라면 직원의 기술 발전을 지속적으로 뒷받침하는 책임을 진지하게 받아들여야 할 것이다."

— 루스 모로Ruth Morrow
퀸스 대학교 벨파스트Queen's University Belfast 교수

"대학이 당면한 문제 중 하나는 업계의 필요를 반영하는 동시에 통제해야 한다는 것이다. 업계의 요구를 '고스란히' 충족하도록 모든 것을 갖춘 졸업생을 배출하는 동시에 혁신적인 사업가 정신을 통해 업계를 이끌어 나갈 정도로 기량을 갖춘 졸업생도 배출해야 한다."

– 해리엇 해리스Harriet Harriss
옥스퍼드 브룩스 대학교 주임 교수

"대학 교육의 목표는 직업 훈련에 있지 않다. 직업 훈련과 학문적 준비 사이에는 중요한 접점들도 있지만 서로 충돌하는 차이점들도 있다."

– 페리 쿨퍼Perry Kulper
미시간 대학교 부교수

창업 교육에 관하여

이 책을 읽은 여러분은 우리가 살펴본 여러 사례를 통해 성공하기 위해서는 대학이 학생에게 특별한 '창업 훈련'을 제공해야 한다고 생각할지도 모르겠다. 실제로 나는 학생들의 요구가 있을 경우를 대비하여 디자인, 건축 등의 학부에도 경영학이나 창업 관련 수업이 개설되어야 한다고 주장해 왔다. 그러나 더 넓은 견지에서는 지금 상태에서 가능한 것을 극대화해야 한다고 생각한다.

디자인 관련 학과에서는 이미 사업을 운영하는 데 필요한 여러 기술을 가르치고 있다. 가령 이 책에 나오는 주인공들 중에서는 별도의 창업 훈련을 받은 사람이 한 명도 없다. 그들의 열정과 추진력을 대단하게 평가할 수밖에 없는 이유가 여기에 있다. 관심 있게 찾아보면 굳이 다른 본격적인 과정에 등록하지 않고도 창업 관련 경험을 쌓을 기회가 얼마든지 있다.

모든 사람이 '혁신적으로' 생각하도록 훈련받는다면 더 이상 우리가 아는 의미의 혁신은 불가능해질 것이다. 멈추지 않고 끊임없이 진보하기 위해서는 소수가 다수를 이끌어야만 한다. 그 소수에 속하는 당신은 계속해서 자기만의 길을 개척하면서 자신이 배운 바를 전용하여 전에 없던 것을 세상에 내놓을 것이다.

우리는 다른 사람들이 겁먹고 피하는 것들을 십분 이용해야 한다. 최종 결과물보다 과정을 우선시하고, 매일 위험을 감수하면서 저항력을 키워야 하며, 혼돈의 순간과 일촉즉발의 상황을 찾아다녀야 한다. 그 과정에서 비범한 것을 찾는 능력과 다른 이들은 보지 못하는 방식으로 세상을 보는 능력, 명백한 것을 거부하고 자신의 직관을 따르는 능력을 갖추게 될 것이다.

디자인 교육에는 기량이며 기법이며 열정이며 선견지명이며 여러 가지 배우고 알아야 할 것이 많다. 그러나 미래를 여는 데 가장 중요한 배움은 내가 이 세상을 바꿀 수 있다는 포부와 신념이다.

취업 대신 독립을 택한 세계 각국의 젊은 디자이너!
그들에 대해 더 알고 싶다면?

프로파간다

"세상에 당신을 내놓을 것"
스카일러 파이크 ┃ **www.followskyfi.com**

"일찍, 그리고 자주 공개할 것"
매튜 브리턴 ┃ **www.mamsfridgegallery.com**

"자기 홍보가 어렵게만 느껴질 때"
알렉 더슨 ┃ **www.alecdudson.co.uk**

"탄탄한 포트폴리오를 대체하는 홍보 수단은 없다"
스튜디오 씨오엠 ┃ **studio-com.kr**

거리 선전

"직접 고객을 찾아낼 것"
아이스크림 아키텍처 ┃ **www.icecreamarchitecture.com**

"게릴라처럼 임할 것"
알마낙 컬래버레이티브 아키텍처 ┃ **www.alma-nac.com**

"게임의 규칙을 바꿀 것"
행크 부티타 ┃ **www.hankboughtabus.com**

"디자이너는 발명가가 아니다"
애버런트 아키텍처 ┃ **www.aberrantarchitecture.com**

전문화 vs 다양화

"실험하고 또 실험할 것"
르 크리에이티브 스웨트숍 | lecreative.paris

"우상에게 배울 것"
스테레오 탱크 | www.stereotank.com

"반복하고 반복하고 발전할 것, 또 반복할 것"
파브리스 르 네제 | www.fabricelenezet.com

"비즈니스는 바빠야 좋은 것"
애덤 너새니얼 퍼먼 | www.adamnathanielfurman.com

"대세를 무시할 것"
빈 앤 오미 | www.vinandomi.com

"모든 것을 의심할 것"
와이 아키텍처 싱크탱크 | www.waithinktank.com

"T자형 디자이너가 되어라"
제이슨 브루게스 | www.jasonbruges.com

"곧바로 잡지에 실릴 수 있을 만한 작품 사진을 준비하라"
서정화 | www.jeonghwaseo.com, instagram ID_ **studio_jeonghwa_seo**

인생을 바꾸는 결정

"직감을 믿을 것"
조스 가리도 | uk.linkedin.com/in/joseagarrido87

"가장 어려운 일에 뛰어들 것"
루이 페레이라 ｜ **www.rui-pereira.com**

"최상의 시나리오를 상상하라"
뷰로 스펙태큘러 ｜ **www.bureau-spectacular.net**

"무조건, 저돌적으로 노크하라"
서민범 ｜ **www.iambumi.com**, instagram ID_ **iambumi**

㊝ 혼자서 vs 여럿이

"나만 할 수 있는 것"
톰 세실 ｜ **tomcecil.co.uk**

"걷고 난 다음에 뛸 것"
스테이트 오브 플레이 ｜ **www.luminocitygame.com**

"좋아하는 것을 파고들 것"
더 드래프터리 ｜ **www.instagram.com/thedraftery**

"숨어 있지 마라"
더 클라스니크 코퍼레이션 ｜ **www.klassnik.com**

"팀의 힘은 개개인에게 있음을 인지할 것"
시안 앤 스티븐 ｜ **seanandstephen.com**

"하나하나 더듬어 나갈 것"
어셈블 ｜ **assemblestudio.co.uk**

"가장 나다운 나가 될 것"
글루 소사이어티 ｜ **www.gluesociety.com**

"밀고 당기고 찢고 붙일 것"
레드 디어 | **www.facebook.com/reddeerltd**

"공동 작업의 진정한 가치에 관하여"
스튜디오 위브 | **www.studioweave.com**

"오랫동안 지속할 수 있는 자신만의 아이템에 집중하라"
제로퍼제로 | **www.zeroperzero.com,** instagram ID_ **zeroperzero**

일하는 기쁨

"기다림을 미덕으로 두지 말 것"
메가 | **issuu.com/mega/docs/portfolio2007**

"나를 다시 발명할 것"
스튜디오가아스 | **www.studiogaas.com**

"나에게 이로운 변화를 찾을 것"
아버클 인더스트리즈 | **www.arbuckle-industries.com**

"세계를 당신의 학교로 삼을 것"
썸띵 앤 선 | **somethingandson.com**

"내일이 기다려지는 삶"
프릭스 | **freaksarchitecture.com**

사진 출처

저자와 출판사는 이 책에 사용된 이미지를 제공해 준 다음의 기관과 개인에게 감사의 말을 전합니다.

18쪽, 19쪽 Pamphlet: Skyler Fike, 2010, followskyfi.com/freeintern; photography: Skyler Fike, 2014, followskyfi.com

22쪽, 24쪽, 25쪽 Matthew Britton

26쪽 Portrait of Alec Dudson by Sophie Lee

39쪽 Sarah and Desmond, ICA Directors; 40쪽 (위) Community Engagement; (아래) Denny Art Strategy; 41쪽 Social Enterprise Support Programme

43쪽, 44쪽, ⓒ Alma-nac Collaborative Architecture. Directors: Chris Bryant, Caspar Rodgers and Tristan Wigfall

46쪽, 48쪽, 49쪽 ⓒ 2013 Justin Evidon www.justinevidon.com

50쪽 aberrant architecture ⓒ 2012 Valerie Bennett

56쪽, 58쪽, 59쪽 Photography by Mathieu Missiaen, set design by Julien Morin and Stehane Perrier

60쪽 Work by the Architectural League of New York and Pen World Voices; 62쪽 (위) Work by the New York City Department of Transport; (가운데) work in collaboration with Takahiro Fukuda; (아래) work by the Architectural League of New York, supported by Times Square Alliance; 63쪽 work in collaboration with Mateo Pinto and Carolina Cisneros, presented by Hester Street Collaborative

64쪽, 66쪽, 67쪽 Fabrice Le Nezet

68쪽, 70쪽, 71쪽 (위와 아래) Adam Nathaniel Furman; (가운데) Adam Nathaniel Furman, photography by Gareth Gardner

72쪽, 74쪽, 75쪽 ⓒ Vin and Omi

76쪽, 78쪽, 79쪽 ⓒ Cruz Garcia & Nathalie Frankowski of WAI Architecture Think Tank and Garcia Frankowski

80쪽 Jason Bruges Studio

91쪽, 92쪽, 93쪽 ⓒ Noem9 Studio Ltd. All rights reserved www.noem9studio.com. All brand logos are the property of their legal authors.

94쪽, 96쪽 Photographs by Alfredo Dante Vallesi. Project developed in collaboration with Japanese designer Ryosuke Fukudada

98쪽 Jimenez Lai, Bureau Spectacular

감사의 말

이 책을 쓰고자 결심했던 순간부터 연구와 집필, 또 출간까지 격려와 조언을
아끼지 않은 가족과 친구들, 뒷받침해 준 많은 이들에게 감사의 말을 전합니다.
이 프로젝트를 위해 함께 수고한 동료들에게도 감사합니다.

그리고 독자 여러분, 고맙습니다.

취직하지 않고 독립하기로 했다

2017년 3월 7일 초판 1쇄 인쇄
2017년 3월 14일 초판 1쇄 발행

지은이 | 젬 바틴
옮긴이 | 오윤성
발행인 | 이원주

책임편집 | 이경주
책임마케팅 | 유재경

발행처 | (주)시공사
출판등록 | 1989년 5월 10일(제3-248호)

주소 | 서울시 서초구 사임당로 82(우편번호 06641)
전화 | 편집(02)2046-2844·마케팅(02)2046-2800
팩스 | 편집·마케팅(02)585-1755
홈페이지 | www.sigongsa.com

ISBN 978-89-527-7805-5 03320